Heinz Welling · Nicht schlecht

Heinz Welling

Nicht schlecht

Plädoyer für einen zielgerichteten Sprachgebrauch

Inhalt

Vorwort

»Nicht schlecht!« Was genau meinen wir damit?

Eigentlich völlig klar, zumindest auf den ersten Blick: »Gut.«

Aber warum sagen wir das dann nicht auch so, z. B.: »Gut, das ist wirklich gut!« Oder: »Tolle Sache, das gefällt mir!«

Es fällt kaum jemandem auf, dass wir für eine Zustimmung einen sprachlichen Umweg wählen. Wir sagen das völlige Gegenteil (»schlecht«) und kombinieren dieses mit einer Verneinung (»nicht«). Das Interessante daran ist, dass es fast jeder so macht und diese umständliche Tatsache kaum bemerkt wird! Wahrscheinlich deshalb, weil wir es ja selbst genauso sagen würden. Die Nutzung dieser umständlichen Ausdrucksweise hat die Nutzer von Sprache in allen Ländern – mehr oder weniger – auf allen Ebenen erfasst, bis in die Literatur hinein: Fachliteratur, Sachbücher sowie Belletristik sind betroffen.

Das Ganze scheint also nicht weiter von Bedeutung zu sein. Dieses Vorgehen ist zwar relativ umständlich und kompliziert, aber hat dieser seltsame Sprachgebrauch tatsächlich Auswirkungen, und ist es von Bedeutung, die Hintergründe aufzuklären? Macht es also Sinn, sich mit dieser Sprachakrobatik detaillierter auseinanderzusetzen?

Antwort auf diese Fragen finden wir, wenn wir uns damit beschäftigen, ob es einen Unterschied für den Empfänger der Botschaft macht, mit welchen Worten die Botschaft gesendet wird. Die Antwort lautet: Ja, es macht in der Tat einen ziemlichen Unterschied.

Weitere Informationen erhält man, wenn man sich die Frage stellt, ob es für den Sender einen Unterschied macht, welche Wortwahl er selbst trifft. Glauben Sie mir, liebe Leserin, lieber Leser, auch da gibt es einen Unterschied, und ich bin der Meinung, dass es sehr aufschlussreich sein wird, darüber zu berichten.

Mit den Auswirkungen von umgekehrten Negativbotschaften auf positive Tatsachen beschäftigt sich dieses Buch. – Wohlgemerkt: nicht mit Positivbotschaften für ungünstige Sachverhalte. Denn wir wollen uns nicht der Schönfärberei schuldig machen. Darum geht es in diesem Buch nicht! Unser Thema sind positive, erfolgreiche Alltagssituationen, die (fast) jeder von uns ungünstig kommentiert.

Wer bestimmt den Kurs?

In der Schifffahrt ist die Frage schnell beantwortet. Es ist der Kapitän! Aber wer ist der Kapitän in uns? Ist es unser Großhirn, unsere Logik, die uns steuert? Sind es bewusste oder eher unbewusste Prozesse, die unser Handeln bestimmen? Es ist sinnvoll, zunächst einmal diesen Fragen nachzugehen, bevor man über die Auswirkungen sprachlicher Botschaften diskutieren kann.

Sie können sich das Unterbewusstsein als Festplatte vorstellen. Wenn wir geboren werden, ist diese noch fast unbeschrieben, bis auf die genetischen und biologischen Programme, die wir für das akute Überleben benötigen, z. B. Atmung, Hunger, Schmerzempfinden, Wärme oder Geborgenheit. Diese »Festplatte« wird im Laufe unseres Lebens mit Informationen beschrieben. Die Informationen dazu erhält das Unterbewusste durch:

- unsere Sinne und
- unsere innere Gedankenwelt, also auch alle Fantasien und Vorstellungen, die wir uns machen.

Abgespeicherte Informationen nennt man auch Repräsentationen. Es sind also »reale« Informationen aus unserer Umwelt, jedoch auch solche, die wir selbst bewusst wie unbewusst erdacht haben. In erster Linie werden diese Informationen in drei Bereichen abgespeichert:

- Bilder, also alle visuellen Eindrücke,
- Klänge und Töne
- sowie Körpergefühle.

Wenn Sie mögen, können sie sich diese drei Bereiche als Ordner oder Festplatten vorstellen. Für diese Speicherbereiche gibt es im Gehirn bestimmte Areale. Diese Verarbeitungs- bzw. Speicherbereiche ziehen sich durch einige Gehirnebenen, also nicht nur das Großhirn, wie man früher einmal geglaubt hat.

Eine weit geringere Rolle spielen Informationen aus dem Geruchs- und Geschmackssinn. Diese hatten im Laufe der Evolution immer weniger Bedeutung für die Menschen. Ausnahmen bestätigen jedoch auch hier die Regel, wie etwa bei Köchen, Weintestern oder allgemein bei Menschen, die häufig ihren Geruchs- oder Geschmackssinn benötigen. Sie sammeln sehr wohl, bewusst wie unbewusst, viele Informationen aus diesem Bereich.

Wichtig ist, dass die Bereiche der Bilder, Töne und Körpergefühle fast immer mit Emotionen verknüpft sind! Das bedeutet, dass für ein Bild meist eine bestimmte Emotion abgespeichert wird. Für Töne gilt das selbstverständlich ebenso und auch zu einem Körpergefühl gibt es fast immer eine Emotion!

Sie werden beispielsweise für bestimmte Urlaubserinnerungen Bilder mit bestimmten Emotionen repräsentieren. Auch Erinnerungen an den ersten Kuss oder Ihre Führerscheinprüfung werden Sie über Körpergefühle oder Bilder emotional repräsentieren. Ich denke, wenn Sie diese Zeilen lesen, wird Ihr Unterbewusstsein arbeiten und Repräsentationen aus Ihrer eigenen Vergangenheit abgleichen. Besonders wichtig: Je nachdrücklicher und intensiver die Erfahrung oder Repräsentation ist, umso emotional intensiver ist sie verankert!

> Wie klein der Kosmos ist ..., wie dürftig und armselig, verglichen mit dem menschlichen Bewusstsein, mit einer einzigen individuellen Erinnerung.
> *Vladimir Nabokov*

Es werden auch viele unangenehme Erfahrungen als Repräsentation gespeichert. Diese Erfahrungen sind Lerneffekte, die verhindern können, etwas Unangenehmes noch einmal zu erleben! Hatten Sie evtl. einen Kontakt mit einer heißen Herdplatte, werden Sie Herdplatten unbewusst sehr skeptisch gegenüberstehen.

Emotion bzw. Gefühle, diese beiden Bezeichnungen werden häufig synonym verwendet. Man muss jedoch differenzieren. Eine Emotion wird unbewusst erzeugt, spielt sich also im Unterbewussten ab. Zorn, Neid, Eifersucht, Scham, Angst, Traurigkeit, Freude und Liebe sind die Grundemotionen des Menschen. Emotionen spiegeln sich immer, wenn auch nur minimal, in irgendeiner Form im Körper. Es gibt überaus viele Möglichkeiten des Körpers, auf eine Emotion zu reagieren. Um nur einige zu nennen:

- Herzschlag (es klopft das Herz)
- Blutdruck steigt (oder fällt!)
- Verdauung (es »schlägt etwas auf den Magen«)
- Gänsehaut (die Haare stellen sich auf)
- blasse Gesichtshaut
- Gesichtsrötung
- Muskelanspannung (man »verspannt sich«)
- Mimik
  - Lächeln
  - Stirn runzeln
  - Augenbrauen hochziehen
  - Ärgerfalten etc.

Diese Reaktionen bedeuten, dass das Unterbewusstsein Zugriff auf das Nervensystem hat, sowohl auf das autonome wie auch auf das willkürliche Nervensystem.

Wenn wir diese Vorgänge des Körpers bewusst erleben, wird aus der Emotion ein Gefühl. Wir benötigen also den Körper, um überhaupt Gefühle haben zu können!

Hören Sie sich beispielsweise ein Musikstück an, welches Sie sehr schätzen, spüren Sie evtl. ein Kribbeln auf der Haut. Wie ist dieses Kribbeln entstanden? Die Musik hatte eine tonale Repräsentation in Ihrem Unterbewusstsein, die auch emotional sehr intensiv abgespeichert war. Diese Emotion spiegelt sich nun über das autonome Nervensystem (Sympathikus und Parasympathikus). Wichtig bei diesen emotionalen Vorgängen ist, dass sie uns meist gar nicht bewusst werden, jedoch einen enormen Einfluss auf unser Leben haben. Falls diese Thematik Sie besonders interessiert, empfehle ich Ihnen das Buch von Stefan Klein, *Die Glücksformel* (Rowohlt Verlag 2002), oder wer tiefer einsteigen möchte: Joseph Ledoux, *Das Netz der Gefühle* (dtv Verlag).

Ein extremes Beispiel für die Entstehung von Gefühlen: Falls Sie sich vor irgendetwas ängstigen, tun Sie dies, weil Sie eine solche Situation repräsentiert haben, evtl. in Bildern, Tönen oder Körpergefühlen. Denn man kann sich vor nichts fürchten, was man nicht kennt oder glaubt zu kennen. Mit der Repräsentation, die sich in dieser Situation einstellt, verbindet das Unterbewusstsein sehr intensive und unangenehme Emotionen. Diese äußern sich dann massiv körperlich: blasse Gesichtshaut, Gänsehaut, Zittern etc. Diese intensiven körperlichen Signale kann man in dieser Situation gar nicht übersehen. Es wird also ein Gefühl daraus, ein Gefühl der Angst!

Das Unterbewusstsein entzieht sich weitgehend der Kontrolle unseres Bewusstseins. Die wichtigen Körperfunktionen, z. B. Verdauung, Blutdruck, Herzschlag etc., werden unbewusst durch unser autonomes Nervensystem gesteuert. Jedoch nicht nur die Regelung dieser essenziellen Körperfunktionen, sondern auch die gesamte sonstige Steuerung unserer Handlungen geschieht zu 95 bis 98 Prozent unbewusst. Das glauben Sie nicht, weil: »Wir sind doch rational denkende und handelnde Menschen!« Nun, dann lassen Sie sich einmal von einigen Beispielen überraschen:

Sie befahren nachts in einer Stadt mit Ihrem Auto eine dunkle Straße. An die Geschwindigkeitsvorschriften hält man sich normalerweise nicht zu hundert Prozent. Fast jeder von uns hat da sein eigenes Programm entwickelt. Fünf, zehn oder zwanzig km/h zu schnell ist noch in Ordnung oder Ähnliches. Das bedeutet, man fährt in der Regel etwas zu schnell, potenziell also mit einem schlechten Gewissen. Falls Sie nun mit einem Lichtblitz am Straßenrand konfrontiert werden, was tun Sie in diesem Moment? Na sicher, Sie bremsen Ihr Fahrzeug urplötzlich ab, ohne weiter über den Vorgang nachzudenken – obwohl sich diese Aktion bei genauerem Hinsehen als völlig unsinnig erweist. Es sei denn, es lauert direkt hinter der ersten Radarfalle eine weitere, was jedoch kaum zu erwarten ist! Der gesamte Prozess war unbewusst gesteuert. Sie haben nach aller Wahrscheinlichkeit einige Repräsentationen zu einer Radarfalle, also Bilder, Töne bzw. Körpergefühle. In dem Moment, wo Sie den Lichtblitz wahrnehmen, werden diese Repräsentationen abgeglichen und bevor der gesamte Vorgang in Ihrem Bewusstsein ankommen kann, handelt das Unterbewusstsein, um Schaden von Ihnen abzuwenden: Der rechte Fuß landet auf dem Bremspedal! Und so geht uns das über den ganzen Tag. Nur die wenigsten Vorgänge werden bewusst von uns gesteuert und bewertet, oder denken Sie über den Bremsvorgang nach, wenn Sie auf eine rote Ampel zufahren?

Beileibe nicht nur der Straßenverkehr bietet gute Beispiele. Falls Sie, warum auch immer, mit schlechter Stimmung nach Hause kommen, wird Ihnen dies nur in den seltensten Fällen wirklich bewusst sein. Häufig ist es sogar so, dass man den Auslöser dieser Seelenlage schon lange nicht mehr bewusst im Fokus, sondern verdrängt hat. In einigen Fällen wird dann diese Stimmung an der Familie oder anderen Menschen ausgelassen. Falls man dann auf die schlechte Laune angesprochen wird, ist es manchmal sogar so, dass man dies ohne nachzudenken pauschal abstreitet: »Stimmt nicht, mir geht es heute gut!«

Das Unterbewusstsein steuert uns aufgrund der Erfahrungen (Repräsentationen), die wir gemacht haben. Werden wir angegriffen oder fühlen uns nur so, wird in der Regel ohne nachzudenken sofort der Gegenangriff oder – falls dies sinnvoller sein sollte – die Verteidigung eingeleitet. Bewusst werden uns diese Dinge eigentlich nie und eine rationale Bewertung der Situationen findet äußerst selten statt!

Wenn Sie einkaufen, kaufen Sie Dinge immer dann, wenn Sie über Bilder, Töne oder Körpergefühle emotional angesprochen werden. Wählen Sie z. B. Butter, haben Sie diese Emotion, weil Ihre Mutter Ihnen evtl. als Kind schon gesagt hat: »Kind, iss gute Butter!« Mit diesem Satz verbinden Sie also angenehme, unbewusste Emotionen.

Auch der Margarine-Fan hat seine Erfahrungen gemacht. Er hat vielleicht gelesen, dass Margarine mit ihren ungesättigten Fettsäuren gut für das Herz-Kreislauf-System sein soll. Also greift er zuerst einmal aus logischen Gründen zu seiner Rama. Diese Portion Logik, die er hier einsetzt, nutzt er jedoch wiederum nur, um dadurch ein gutes Gefühl zu bekommen! Denn Logik spielt bei unseren Einkäufen immer eine völlig untergeordnete Rolle. Wir wollen uns einfach nur (unbewusst) gut fühlen. Sie kennen sicherlich den Begriff des Frustkaufs. Dabei wird überdeutlich: In erster Linie geht es um das gute Gefühl, das wir dabei erzielen.

Diese unbewussten Bewertungen machen wir nicht nur bei relativ unbedeutenden Ereignissen wie einem Einkauf. Die Anschaffung eines Autos z. B. geschieht nach einem ähnlichen Muster. Erfahrungen, die wir gemacht oder unbewusst konstruiert haben, steuern unsere Handlungen. Der überzeugte Käufer des Volkswagens wird nie und nimmer einen Opel kaufen. Umgekehrt gilt das genauso. Logische Argumente für die andere Marke gäbe es genug. Es interessiert nur überhaupt nicht!

Die Werbeabteilungen der Konzerne wissen dies alles natürlich ganz genau und arbeiten mit diesem Wissen. Da wird appelliert an die »Freude am Fahren«, »frisches

Denken für bessere Autos« oder »Vorsprung durch Technik«. Mit diesen Appellen will man zunächst erst einmal eine (unbewusste) Verbesserung der emotionalen Einstellung zur Marke erreichen. Diese positive Grundeinstellung zum Produkt oder zur Marke bereitet einer späteren Kaufentscheidung zugunsten des Unternehmens den Weg. Später mehr zu Werbeaussagen im Kapitel *Werbebotschaften*.

Gehen wir noch einen Schritt weiter: Nahezu unsere gesamten Entscheidungen werden durch logische, bewusste Überlegungen nur begleitet. Die Entscheidungen treffen wir in der Regel aus dem Bauch heraus; in erster Linie, weil wir bestimmte Emotionen haben. Die Wissenschaft hat klar bewiesen, dass es letztlich unsere Intuitionen sind, die uns richtig leiten. In diesem Zusammenhang sind zuallererst die Arbeiten von Antonio Damasio zu nennen, der dies eindeutig aufgezeigt hat.

Die eingangs gestellte Frage, wer den **Kurs bestimmt**, ist somit längst klar beantwortet worden. Das Bewusstsein hinkt in der Regel den dazugehörenden unbewussten Prozessen weit hinterher. Häufig sind unbewusst Entscheidungen schon längst gefallen, während das Bewusstsein sich noch Gedanken darüber macht. Dies ist heute durch Hirnstrommessungen klar bewiesen. Der Verhaltensphysiologe Gerhard Roth zeigt in seinem Buch »Fühlen, Denken, Handeln – Wie das Gehirn unser Verhalten steuert« (Suhrkamp 2003) sehr anschaulich auf, wie das geschieht. Er macht deutlich, dass das Bewusstsein lediglich im Nachhinein eine logische Begründung sucht, um die unbewusste, längst getroffene Entscheidung zu legitimieren.

> Die Menschen glauben frei zu sein, nur weil sie sich ihrer Handlungen bewusst sind und nicht die Ursachen kennen, durch welche diese Handlungen bestimmt werden.
>
> *Baruch Spinoza*

Die »Ärztezeitung« veröffentlichte am 22. April 2008 einen Artikel zu diesem Thema: »Hirnforscher lesen mit funktioneller MRT Gedanken.«

Es wird beschrieben, wie Hirnforscher mittels Magnetresonanztomographie (Kernspintomographie) dem Gehirn beim Denken zuschauen. Professor John-Dylan Haynes vom Berliner Bernstein-Zentrum für rechnergestützte Neurowissenschaften berichtet, dass bis zu zehn Sekunden, bevor eine Person eine Entscheidung fällt, was sie per Tastendruck anzeigte, im MRT bereits sichtbar war, wie sie sich entscheidet. Er kommentiert dies: »Hier stellt sich die Frage, ob der freie Wille des Menschen haltbar ist.«

Die autarke Arbeit des Unterbewusstseins erkennt man sehr deutlich an alltäglichen Prozessen, die kaum noch bewusst ablaufen: Gehen, Laufen, Radfahren, Schwimmen oder Autofahren. Ist der Vorgang erst einmal erlernt, werden diese Prozesse virtuos vom Unterbewusstsein gesteuert. Wenn Sie eine Krawatte binden, denken Sie dann bewusst an jede Schleife, die dazu gemacht werden muss, oder verwirrt das bewusste Denken bei diesem Vorgang lediglich?

Haben Sie schon einmal im Gespräch einen Namen vergessen und wollte Ihnen dieser partout nicht einfallen? Nach einigen Minuten taucht er wie aus dem Nichts in Ihrem Kopf auf, obwohl Sie sich bewusst darüber keine Gedanken mehr gemacht haben. Sie haben den Auftrag gegeben, den Namen zu finden, und Ihr Unterbewusstsein hat weitergearbeitet. Genauso arbeitet es auch, wenn Sie vor dem Schlafengehen über ein »Problem« nachdenken: Selbst während Ihres Schlafes sucht es weiter nach einer Lösung. Mir passiert das häufig am Wochenende, wenn ich etwas länger schlafen kann. Gegen Morgen habe ich im Halbschlaf gute Einfälle, obwohl ich bewusst sicher nicht »bei der Sache« war. Einige Menschen berichten, sie hätten die besten Ideen beim Duschen, beim Ausdauersport oder in einer Situation, in der sie »die Seele baumeln lassen«. Alles Momente, in denen man das Bewusstsein zurücknimmt.

Ich treffe immer wieder auf Menschen, die verständnislos den Kopf schütteln, wenn das Gespräch auf die Macht des Unbewussten kommt. Sie glauben, als nüchterne und rational denkende Menschen seien dies unbewusste Prozesse, die dem machtvollen Bewusstsein vorangehen. Weit gefehlt, denn das Unterbewusstsein arbeitet sehr selbstständig und ist bewusst kaum zu lenken.

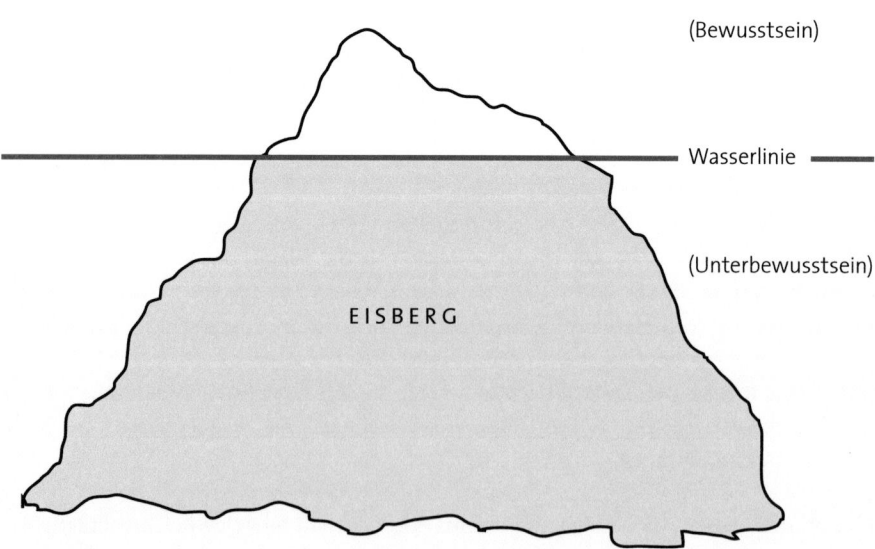

Die Grafik eines Eisberges soll das verdeutlichen. Die Potenziale der unbewussten Anteile gegenüber dem Bewusstsein sind ähnlich groß wie der Teil eines Eisberges unter der Wasseroberfläche gegenüber dem sichtbaren Teil.

Das Unterbewusstsein steuert also fast alle Prozesse unseres täglichen Lebens. Es sind unsere Erfahrungen und Erlebnisse, die sich hier regulierend auswirken.

Haben Sie vielleicht eine Phobie und leiden – wie viele andere Menschen auch – an einer Angst in Aufzügen, in großer Höhe oder vor bestimmten Tieren? Wenn ja, dann kennen Sie die Macht Ihres Unterbewussten. Auch wenn die Spinne hinter Glas ist und Sie genau wissen, dass Sie in Sicherheit sind, reagiert Ihr Körper mit Schweißbildung, Muskelanspannung und panischer Furcht. Wer unter Klaustrophobie leidet, weiß genau, dass er in einer Minute den Aufzug wieder verlassen kann, kann jedoch nichts gegen die Panik unternehmen. Falls das Fliegen für Sie schwierig ist, wissen Sie sicher, dass die Wahrscheinlichkeit abzustürzen bei etwa 1 : 1 000 000 liegt. Auch ist Ihnen klar, dass Autofahren deutlich gefährlicher ist. Dieses Wissen hilft nur leider nicht. Ihr Unterbewusstsein ist wieder einmal stärker und mächtiger als Ihr Bewusstsein und deshalb werden Ihnen beim Einsteigen in die Maschine die Knie weich und die Hände feucht.

Oder denken Sie an einen neuen Kollegen, der Ihnen vorgestellt wird. Ohne dass er etwas gesagt hat, hat sich Ihr Unterbewusstsein schon eine Meinung über ihn gebildet. Es holt dazu alle Schubladen (Repräsentationen) heraus, die passen könnten, ob Sie das wollen oder nicht.

Das Unterbewusstsein speichert sehr viele Informationen in Bildern. Um die Intensität dieses Denkens in Bildern darzustellen, eine kleine Denksportaufgabe:

Zwei Männer kommen an einen breiten Fluss. Sie möchten beide trocken an das andere Ufer gelangen. Eine Brücke ist weit und breit nicht in Sicht. Am Ufer liegt ein Boot, das nur eine Person aufnehmen kann ohne zu kentern. Wie kommen beide Männer trockenen Fußes innerhalb kurzer Zeit ans andere Ufer?

Die Lösung ist recht einfach und trotzdem glaube ich, dass sich 98 Prozent der Leser die Zähne an dieser Aufgabe ausbeißen werden. Einen Tipp möchte ich Ihnen geben: Stellen Sie die Bilder, die dabei in Ihrem Kopf entstehen, in Frage. Diese könnten Sie bei der Lösung der Aufgabe entscheidend behindern.[1]

---

[1] Lösung:
Die Schwierigkeit besteht darin, dass während des Lesens der Aufgabe ein Bild im Kopf entsteht. Gleich nach der Information, dass zwei Männer am Ufer stehen, sieht man einen Fluss mit zwei Männern am selben Ufer. Und genau darin besteht die selbst auferlegte Limitierung. Man hält dieses Bild für das einzig richtige und stellt es nicht mehr in Frage. Die Lösung ist nämlich die: Ein Mann steigt in das Boot und rudert zum anderen Ufer. Dort übergibt er das Boot an den dort wartenden Mann. Dieser rudert nun zum anderen Ufer und setzt ebenfalls seine Reise fort. Im Text war nie behauptet worden, dass beide am selben Ufer stehen!

So viel zum Thema der »Kraft innerer Bilder«. Kinder denken häufig in Bildern. Weder die Schule noch die Familie fördern jedoch dieses Denken. Wenn Kinder nachdenken, schauen sie häufig nach oben und suchen die bildhafte Erinnerung dort. Durch die damit verbundene Aktivierung der betreffenden Hirnareale haben sie einen besseren Zugang zu ihren visuellen Erinnerungen. Wer kennt dagegen nicht den Satz des Lehrers: »Schau nicht zur Decke, da steht die Lösung der Aufgabe nicht!«

Uns wurde nach und nach abgewöhnt, in Bildern zu denken. Alle Kinder und Erwachsenen z. B., die gut im Rechtschreiben sind, erinnern jedoch Worte bildhaft. Die schlechten Rechtschreiber holen sich die Informationen über Töne und Klänge, haben also einen erschwerten Zugriff auf die Rechtschreibedaten im Gehirn.

Sie können sehr einfach selbst feststellen, ob Sie sich bildhaften Zugang zu den Worten verschaffen: Wie heißen die Geschäfte, die in Deutschland Arzneimittel an Kunden verkaufen oder Medikamentenrezepte einlösen? Bitte denken Sie nun nach, wie man das Wort schreibt.

Sehen Sie das Wort vor Ihrem geistigen Auge oder hören Sie die einzelnen Buchstaben? Falls Sie das Wort sehen, haben Sie die einfachere bildhafte Methode gewählt, anstatt sich einzelner Klänge zu bedienen. Das ist gut so, denn diese führen häufig in die Irre.

Das Unterbewusstsein kann nicht erkennen, ob Bilder, die ihm geliefert werden, »real« oder vom Bewusstsein halluziniert sind. Es nimmt also alles für bare Münze, was ihm das Bewusstsein anbietet. Das ist auch ein Grund dafür, warum so viele Menschen es lieben, in Fantasien zu schwelgen. Das Unterbewusstsein genießt es, schöne Dinge auch in der Vorstellung zu erleben. Selbst wenn diese Dinge nur halluziniert werden, entstehen dabei sehr angenehme Emotionen. Es liebt schöne Erlebnisse wie Urlaub, Sex, Geld und die damit verbundenen Emotionen des Glücks, der Macht oder der Möglichkeiten.

Für das Unterbewusstsein ist Zeit nicht existent. Bei allem, was gespeichert wird, macht es keinen Unterschied, ob die Angelegenheit schon erledigt ist, in der Zukunft noch stattfinden wird oder gerade aktuell ist. Es akzeptiert was geschehen ist und was sich in der Vorstellung noch ereignen wird als real. Spiegle ich ihm Ängste oder Unsicherheit für die Zukunft, wird es diese Bilder selbstverständlich als real annehmen!

Das glauben Sie nicht? Nehmen Sie sich doch einmal zwei Minuten Zeit und schließen Sie die Augen. Stellen Sie sich vor, Sie gehen heute Abend in angenehmer Begleitung in Ihr Lieblingsrestaurant. Sie suchen sich einen netten Tisch aus und bestellen ein Getränk Ihrer Wahl. Die Stimmung ist locker und entspannt und Sie freuen sich schon auf das wunderbare Menü, das gleich serviert werden wird. Und da kommt schon die Bedienung und bringt Ihnen Ihr Lieblingsgericht. Sie riechen den Duft und spüren das Aroma einiger wunderbarer Gewürze in Ihrer Nase. (Tun Sie das bitte jetzt!)

Nun, was macht Ihr Speichelfluss? Aller Wahrscheinlichkeit nach läuft Ihnen gerade »das Wasser im Mund zusammen«. Das ist nichts anderes als die Reaktion auf ein zukünftiges Erlebnis. Ihr Unterbewusstsein nimmt diese Bilder als tatsächlich gegeben an.

Ein zweites Beispiel: Sie sitzen im Kino und schauen sich einen Film an, der unter die Haut geht, z. B. »Das Schweigen der Lämmer«. Bei fast jedem von uns werden Reaktionen spürbar sein, die wir nicht bewusst steuern. Unsere Nackenhaare stellen sich auf, wir bekommen Gänsehaut oder es entsteht ein merkwürdig kribbelndes Gefühl. Nun kann man wirklich nicht sagen, dass die Situation furchterregend ist. Es ist absolut ungefährlich, im Kino zu sitzen und auf die Leinwand zu schauen. Ihre Reaktionen sind also beileibe keine bewusst gesteuerten Handlungen. Auch hier nehmen Ihre unbewussten Teile die Situation als gegeben hin und reagieren entsprechend.

Ein Artikel in der »Ärztezeitung« vom 16. Mai 2006 beschreibt ebenfalls die Tatsache, dass unser Unterbewusstsein nicht in der Lage ist, »Reales« von »nicht Realem« zu unterscheiden. Es wird dort über eine Arbeit von Professor Christof Maier vom Universitätsklinikum in Bochum berichtet. Er behandelte Menschen mit amputierten Gliedmaßen. 75 Prozent von ihnen leiden häufig an Phantomschmerzen am nicht mehr vorhandenen Arm oder Bein. Professor Maier und die Ergotherapeutin Susanne Glaudo vom Klinikum Bergmannsheil entwickelten Spiegel-Trainingsgeräte. Der Patient wird vor dieses Gerät gesetzt und die Optik ersetzt visuell das fehlende Glied durch eine Verdopplung der vollständigen Körperhälfte. Setzt der Patient dieses Gerät häufig ein, lässt sich so das Unterbewusstsein täuschen und die Schmerzsymptomatik verbessert sich deutlich. Professor Meier berichtet, dass 14 von 15 behandelten Patienten eine deutliche Linderung verspürten.

Genauso ist es für viele Menschen ein Ausweg aus ihrer Situation, in Fantasien zu schwelgen. Sie träumen von einem Lottogewinn oder vom nicht erreichbaren Liebespartner und haben dabei die enorm guten Gefühle, die ihnen ansonsten im Alltag fehlen.

Das autogene Training und der Placeboeffekt bei Arzneimitteln funktionieren übrigens nach dem gleichen Prinzip der Beeinflussung des Unterbewussten, und beide sind damit sehr erfolgreich. Es wird dem Unterbewusstsein ein Zustand oder ein Ziel halluziniert. Daraufhin arbeitet es an der Erreichung dieses Zieles intensiv mit.

Zusammengefasst noch einmal die für unser Thema wichtigsten Fakten:

■ Das Unterbewusstsein speichert Repräsentationen (Erinnerungen) primär in Form von Bildern, Körpergefühlen und Tönen ab.

- Bilder sind sehr leicht abzuspeichern und wieder herzustellen. Sie sind unsere primäre Repräsentationsform.
- Repräsentationen sind fast immer an Emotionen gekoppelt.
- Wenn Emotionen entstehen, **bildet sich dies im Körper ab.**
- Machen wir uns diese Emotionen bewusst, entsteht ein Gefühl.
- Das Unterbewusstsein arbeitet autark. Es unterliegt nahezu keiner Kontrolle.
- Das Unterbewusstsein bewertet bei der Aufnahme von Informationen nicht.
- Es erkennt nicht reale oder halluzinierte (konstruierte) Repräsentationen.
- Das Unterbewusstsein steuert unser Handeln.

Der blaue Elefant

1. Worte und Empfindungen

Beginnen wir mit einer Anweisung: *»Denken Sie bitte nicht an blaue Elefanten!«*

Ach, das alte Spiel, das kennt man ja. Ist doch bekannt, dass das nicht funktioniert, werden Sie denken.

Interessant ist jedoch eine Analyse, weshalb der Vorgang nicht gelingen kann. Zunächst einmal ist festzustellen, dass der Empfänger die Botschaft analysieren wird, Wort für Wort. Dieser Vorgang geschieht in der Regel unbewusst. Über das Unterbewusstsein haben wir gehört, dass es autark arbeitet und Bilder, Töne sowie Körpergefühle als Repräsentationen speichert. Es erhält nun drei Informationen und wird diese abgleichen: »Denken« (das tut es sowieso und ständig), »nicht« und die »blauen Elefanten«. Erhält unser Unterbewusstsein nun diese Anweisungen, wird es diesen folgen und durchsucht dazu die ihm vorliegenden passenden Repräsentationen. Bei den blauen Elefanten wird es wahrscheinlich sehr schnell fündig. Den Elefanten – z. B. das kleine Rüsseltier aus der »Sendung mit der Maus« – kennt fast jeder. Und wenn das nicht der Fall sein sollte, konstruiert das Unterbewusstsein einen vorhandenen grauen Elefanten und stellt ihn sich einfach mit der Farbe Blau (repräsentiert und vorhanden) vor. Jeder hat also die Möglichkeit, sich einen blauen Elefanten vorzustellen, sofern er nicht farbenblind ist. In diesem Fall wird es für »blau« sicherlich eine andere Repräsentation geben.

Schwierig wird es mit dem Wort »nicht«. Denn »nicht« hat keine verfügbare Repräsentation, weil »nicht« zunächst einmal gar nicht existiert. Um eine Repräsentation zu finden, bedürfte es schon eines komplexen Vorganges, der jedoch im Auftrag »Denke nicht an blaue Elefanten« nicht vorgesehen war. Also wird es darauf verzichten und Ihrem Bewusstsein einen herrlichen blauen Elefanten anbieten. Tja, da haben wir ihn nun – dabei sollten wir ihn doch gar nicht »sehen«.

Sie können versuchen, Ihr Unterbewusstsein auszutricksen, indem Sie sich bewusst z. B. ein rosarotes Krokodil vorstellen. Das wird auch funktionieren. Ich behaupte jedoch, dass der zuvor beschriebene Vorgang schon längst unbewusst stattgefunden hat, ob Sie das nun wollen oder nicht.

Durch die sprachliche Konstruktion der Anweisung haben Sie die gesendete Nachricht völlig anders aufgenommen und verarbeitet, als das vom Sender beabsichtigt war. Und entscheidend für jede Kommunikation ist schließlich das, was beim Empfänger ankommt, und nicht das, was man senden wollte! Zielführender wäre es gewesen, eine präzise Anweisung zu senden, nämlich was zu tun ist, und nicht, was nicht zu tun ist! Dann wäre ein sinnvolles Ergebnis zustande gekommen.

Um den Erfolg einer zielgerichteten Kommunikation genauer dokumentieren zu können, gibt es allerdings geeignetere Beispiele, da ein blauer Elefant eher nicht zu unserer realen Erlebniswelt gehört. Wählen wir lieber eines aus Ihrer eigenen Vergangenheit, ein Beispiel, das Sie selbst so oder ähnlich erlebt haben. Nehmen wir eines aus Ihrer Ausbildung oder Schulzeit. Auch wenn diese Zeit schon länger vorbei sein sollte, kann sich fast jeder noch lebhaft daran erinnern. Und falls Sie sich gerade in einer solchen Lebensphase befinden, umso besser.

Ihr Lehrer/Lehrerin oder Ausbilder/Ausbilderin kommentiert ein von Ihnen abgeliefertes Arbeitsergebnis. Bitte stellen Sie sich jetzt eine solche Situation einmal vor. Nehmen Sie sich dazu einen Augenblick Zeit und lösen sich vom Text des Buches. Achten Sie gezielt darauf, welche Gefühle dabei in Ihnen entstehen.

Sie sitzen oder stehen Ihrer Ausbilderin oder Ihrem Ausbilder gegenüber und sie/er kommentiert Ihr gutes Arbeitsergebnis mit den Worten: »Das ist ja nicht schlecht, was Sie da gemacht haben (was du da gemacht hast).« Nehmen Sie sich bitte 30 Sekunden Zeit und sehen, fühlen und hören Sie sich in diese Situation hinein. Tun Sie das bitte jetzt!

Hat sich bei Ihnen ein bestimmtes Gefühl eingestellt? Wenn nicht, gehen Sie bitte noch einmal in diese Situation hinein. – Hat sich jetzt ein Gefühl eingestellt? Falls dies immer noch nicht der Fall war, ist das auch in Ordnung!

Nun also Teil zwei der Übung: Sie stellen sich bitte wieder genau die gleiche Situation vor, nur lautet der Kommentar jetzt: »Das ist richtig gut, was Sie da gemacht haben (was du da gemacht hast).« Bitte nehmen Sie sich dazu noch einmal einen Moment Zeit!

Konnten Sie bei Ihren Gefühlen einen Unterschied in diesen beiden Situationen feststellen? Wahrscheinlich ja, und vielleicht ist sogar ein Lächeln bei Ihnen entstanden. Denn in der zweiten Situation hatten Sie mit großer Wahrscheinlichkeit ein deutlich angenehmeres Gefühl. Ihr Unterbewusstsein wurde zielgerichtet auf Ihr gutes Arbeitsergebnis aufmerksam gemacht (»richtig gut« = angenehme Repräsentation). Somit konnte es intensiv und mit einer entsprechenden Emotion reagieren. Wenn Ihnen nun diese Emotion bewusst geworden ist (z. B. lächeln), haben Sie auch ein angenehmes Gefühl. Mit dem Wort »schlecht« hat Ihr Unterbewusstsein ebenfalls Repräsentationen verbunden. Sehr wahrscheinlich sind diese mit ungünstigen Emotionen verknüpft. Denn wer hat schon zu »schlecht« angenehme Erinnerungen?

Wie im vorigen Kapitel schon besprochen: Emotionen laufen unterbewusst ab, sie werden nur sehr selten wahrgenommen! Und eine Emotion muss unbedingt vorhanden gewesen sein, sonst hätten Sie keine Gefühle feststellen können! Halten wir also fest:

Worte und Empfindungen haben eine enge
Verbindung!

Dass diese enge neuronale Verbindung zwischen Worten und Emotionen tatsächlich im Gehirn besteht, werden wir noch weiter im Kapitel *Spiegelneurone* besprechen!

In unserem Beispiel war es wahrscheinlich die Absicht Ihres Gesprächspartners, Sie aufzubauen, anzuerkennen oder zu loben. Das ist mit der zweiten Wortwahl deutlich besser gelungen – ein sehr schönes Beispiel für eine gezielte, effiziente Kommunikation. Mit der negativen Wortwahl aus dem ersten Beispiel hingegen gelingt das nicht, denn hier zieht das Unterbewusstsein seine eigenen Schlüsse. In beiden Fällen entstehen Emotionen unterschiedlicher Art und Intensität. Wahrscheinlich sind auch die Bilder bei der zweiten Aussage klarer und deutlicher.

Falls ich, um auf den blauen Elefanten zurückzukommen, von etwas ablenken möchte, ist auch dies mit zielgerichtetem Sprachgebrauch deutlich einfacher: *»Denke doch bitte an das schöne Wetter draußen.«* Oder etwas Ähnliches. Mit dieser Wortwahl ist das gesteckte Ziel viel einfacher und zielgerichteter zu erreichen.

Doch das ist die Ausnahme. Schade, denn die Empfänger von Botschaften tun sich mit einer verdrehten bzw. ungezielten Wortwahl eindeutig schwerer. Nur leider bemerken die Sender dieser Botschaften diese Tatsache gar nicht. Es funktioniert viel einfacher, erfolgreicher und für den Empfänger deutlich angenehmer, wenn man Botschaften zielgerichtet und positiv formuliert. Natürlich nur dann, wenn der Inhalt auch positiv ist. Das fällt erst einmal schwer, wenn man die Sprache über viele Jahre eher ungünstig genutzt hat. Dazu mehr im Kapitel *Ursachenforschung*.

Ein weiteres Beispiel:
Sie kommen nach einem beruflich erfolgreichen Tag nach Hause und berichten Ihrem Partner oder Ihrer Partnerin davon. Als Kommentar auf Ihre gute Leistung erhalten Sie die Rückmeldung:

1. »Wirklich nicht verkehrt, was du da erreicht hast.«
2. »Das ist ja spitze! Das hast du wirklich toll gemacht.«

Bitte nehmen Sie sich auch hier etwas Zeit und spüren Sie diesen beiden Situationen nach. Sehen, hören und fühlen Sie sich hinein und achten genau darauf, welche Gefühle und Emotionen sich in Ihnen einstellen.

Dieses Beispiel zeigt, wie unterschiedlich die Sätze auf der Gefühlsebene wirken, obwohl in beiden Fällen dasselbe gemeint war. Sie erkennen daran, dass es einfach ist, mit zielgerichteter Wortwahl das beim Gesprächspartner anzubringen, was man aussagen möchte. Und ganz wichtig: Dem Empfänger geht es mit der zielgerichteten Botschaft besser!

2. Alltägliche Kommunikation

Nehmen wir an, Sie machen einen Arztbesuch und während des Gespräches misst Ihr Hausarzt Ihren Blutdruck. Das Ergebnis ist erfreulich, denn es zeigt sich ein Normalwert von 120 zu 80. Dies kommentiert der Doktor alltagssprachlich: »Gar nicht schlecht, Ihr Blutdruck.« Er könnte das auch erfolgreicher, zielgerichteter tun, falls er z. B. Ihre sportlichen Leistungen oder Ihren gesunden Lebensstil damit anerkennen möchte: »Kompliment, Ihr Blutdruck ist wirklich sehr gut!«

Zielgerichteter Sprachgebrauch ist nun einmal sinnvoll. Die Gefühlswelt desjenigen, der solch einen Kommentar hört, ist natürlich positiv! Zielgerichteter Sprachgebrauch erzeugt in allen Gesprächssituationen ein angenehmes Klima. Häufig ist es ganz einfach, Sprache positiv zu nutzen und negativen Sprachgebrauch vermeiden. Ihre Gesprächspartner werden es Ihnen danken. Konstruktive, zielgerichtete, positive Sprache bedeutet Wertschätzung für unsere Gesprächspartner. Diese »Streicheleinheiten« heben sich angenehm vom sonstigen Sprachgebrauch der meisten Menschen ab. Bewusster Sprachgebrauch ist somit ein bedeutender Mosaikstein für ein erfolgreiches Leben!

Eltern nutzen leider in der Regel diese sprachlichen Mittel nicht. Fatalerweise setzen sie Aussagen wie »Sorgen machen« und »Angst haben« immer dann ein, wenn ihr Kind diese gerade nicht haben soll, sie ihm sogar Mut machen wollen: »Mach dir keine Sorgen.« Oder: »Davor brauchst du keine Angst zu haben.« Vielleicht hatte der Nachwuchs bis zu dieser »Ermunterung« gar keine Angst und ist erst durch die negative Formulierung darauf aufmerksam gemacht worden! Auf einer tiefer liegenden Wahrnehmungsebene kommt das Wort Angst punktgenau ungünstig an, denn man macht häufig genug erst auf sie aufmerksam. Zielführender und deutlich Erfolg versprechender ist es, Kindern zu sagen, was sie machen – und nicht, was Sie nicht machen sollen:

- Das ist völlig in Ordnung, das kannst du machen.
- Das ist völlig harmlos.
- Das kannst du machen, das geht gut.
- Du wirst das schaffen!
- Du kannst das!

Falls Ihr Kind in einer schwierigen Situation ist, erreichen Sie das genaue Gegenteil mit der immer wieder gehörten »Beruhigungsfloskel«: »Das ist überhaupt nicht schwierig.« Dagegen wird es bei den Worten »in Ordnung«, »harmlos«, »gut«, »schaffen« und »können« Repräsentationen mit angenehmen Emotionen haben. Somit ist das Kind eher in der Lage, schwierige Situationen zu meistern. Denn die Worte wirken motivierend und bauen das Kind auf, im Gegensatz zum Wort »schwierig«. Allemal besser klingt: »Das schaffst du!«

Ist Angst schon zu erkennen, kann eine Ich-Botschaft sehr wirkungsvoll sein: »Ich weiß, dass du das kannst!«

Im Umgang mit Kindern wirkt sich ungünstiger Sprachgebrauch besonders nachteilig aus: »Pass auf, dass du nicht hinfällst!« – da ist es meist schon passiert.

Oder: »Mach dir nicht die Hose schmutzig!« Später wundern sich die Eltern, dass das Gegenteil dabei herauskommt. Günstiger und zielgerichteter wäre: »Achte bitte darauf, dass deine Hose sauber bleibt!« Einen Garantieschein, dass dies funktioniert, kann ich Ihnen natürlich nicht geben. Ich bin jedoch sicher, dass die Wahrscheinlichkeit deutlich höher ist, dass die Hose sauber bleibt!

Lernt Ihr Kind Fahrrad fahren und Sie sind der Meinung, dass die Geschwindigkeit des Rades zu schnell ist, macht es gar keinen Sinn zu rufen: »Fahr nicht so schnell!« Die Anweisung ist viel zu komplex, um sie während des neuen, ungewohnten Bewegungsablaufes erfassen zu können! Gönnen Sie Ihrem Kind dagegen eine einfache, leicht erfassbare Hilfestellung: »Bremsen!«

Dieses wunderschöne Beispiel habe ich dem Artikel der Sozial- und Heilpädagogin (und Zauberin!) Annaliesa Neumeyer entnommen. Der Artikel bietet so viele brillante Beispiele aus dem Kindergartenalltag, dass ich ihn komplett in mein Buch aufgenommen habe: Kapitel *Warum Kinder vom Klettergerüst fallen, obwohl wir ihnen immer wieder sagen, dass sie nicht herunterfallen sollen.*

Finden Sie bitte zu den nächsten Aussagen günstigere Alternativen:

- Bekleckere dich nicht!
- Geh nicht so krumm!
- Sprich nicht so schnell!
- Stolpere nicht!
- Damit wirst du nichts falsch machen!

Achten Sie besonders im Umgang mit Kindern darauf, keine allgemeinen Warnungen zu geben: »Pass auf!« Worauf? Die Gefahr, die Sie selbst mit dieser Formulierung berücksichtigt wissen wollen, ist nicht zwangsläufig im Fokus des Kindes. Allemal besser ist es, die Situation konkret zu benennen: »Achte auf xy!«

Ich möchte noch einmal auf die Sorgen oder Ängste zurückkommen. Mit diesen Formulierungen richten Sie die Gedanken und Repräsentationen Ihrer Gesprächspartner auf Probleme. Diese haben gar keine andere Chance, als unbewusst diese ungünstigen Aspekte zu verarbeiten.

Lesen Sie bitte nun die nächsten Sätze und überlegen im Anschluss, wie sie bei Ihnen ankommen: »Aber bloß keine Panik. Vor dieser Untersuchung müssen Sie keine Angst haben. Schwerwiegende Ereignisse sind dabei noch nie vorgekommen.

Herr Dr. Meier hat alle Probleme, die auftreten könnten, im Griff. Ich sehe keinen Grund, warum Sie sich Sorgen machen sollten.«

Wäre diese Botschaft Ihres Arztes für Sie eine Ermutigung?

Ein sehr ungünstiges Beispiel habe ich erlebt, als bei meiner 76-jährigen Mutter eine Darmoperation anstand. Sie hatte schon zwei Tage vor der Operation die Einverständniserklärung unterschrieben und war dabei selbstverständlich auch über die Risiken der Operation und der Narkose aufgeklärt worden. Der Narkosearzt ließ es sich jedoch nicht nehmen, am Abend vor der OP noch einmal bei ihr vorbeizuschauen. Er schilderte ihr in aller Dramatik, was am nächsten Tag geschehen werde. Er teilte ihr mit, dass die OP schwierig sei und was alles passieren könne. Normalerweise hat meine Mutter als positiv denkende Rheinländerin eine optimistische Lebenseinstellung. Diese war ihr an jenem Abend jedoch gründlich genommen worden.

Hilfreich wäre es gewesen, wenn der Anästhesist ihr Mut gemacht hätte: »Frau Welling, das ist eine Routineoperation. Wir haben uns auf diese Operationen spezialisiert. So etwas machen wir mehrfach am Tag. Sie werden in einigen Tagen wieder fit sein und das Leben genießen können.« Eine so formulierte, zielgerichtete Botschaft wäre sicherlich in der Lage gewesen, Mut zu machen und der Operation gelassener entgegenzusehen.

Was es bedeutet, eine Botschaft zu erhalten, die anweist, was man nicht tun soll, habe ich vor einiger Zeit selbst erlebt. In der Mittagszeit hatte ich einen Termin bei einem Kunden. Als ich die Büroräume betrat, hatte ich ein menschliches Bedürfnis und fragte die Mitarbeiterin am Empfang nach den Toilettenräumen. »Gehen Sie geradeaus durch, dann ist es die erste Türe rechts«, wurde mir beschieden. Als ich vor der Tür stand, sah ich folgendes Bild:

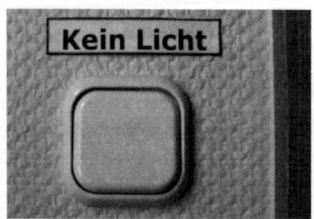

Vor der Tür ist also ein Lichtschalter angebracht, über den kommuniziert wird, wozu er *nicht* zu gebrauchen ist. Was macht man in einem solchen Fall, ohne groß darüber nachzudenken? Na sicher, man drückt drauf, »Licht« steht ja immerhin auf dem Schild, und versuchen kann man es ja mal! – Was passierte in diesem Moment? Im gesamten Flurbereich ging das Licht aus! Dazu der Kommentar der Dame vom Empfang: »Ist schon in Ordnung. Das passiert jeden Tag mehrere Male.«

Das konnte ich mir auch lebhaft vorstellen. Dieser verwirrende Hinweis und dann noch vor der WC-Tür, wo man es manchmal schon etwas eilig hat! Sinnvoll wäre es gewesen, die Funktion des Schalters auf dem Schild zu beschreiben: »Schalter für das Flurlicht« oder »Lichtschalter für WC ist innen«.

Es sorgt immer für Verwirrung, zu kommunizieren, wozu etwas *nicht* da ist. Oder kennen Sie nicht die Ständer für Regenschirme in öffentlichen Gebäuden, die mit »kein Abfalleimer« beschriftet sind? Schauen Sie da mal rein!

Ebenfalls originell auch die Überschrift in einem Artikel des Landfrauenvereins: »Salmonellentod muss nicht sein.«

Die Bundesbahn macht es so ähnlich. Hält ein ICE an einem Bahnhof an, leuchten Schilder in den einzelnen Wagen: »Haben Sie auch nichts vergessen?«

Ein abschreckendes Beispiel für misslungenen Sprachgebrauch habe ich vor einiger Zeit in einem regionalen Wochenblättchen gefunden. Die Schreiberin wollte sicherlich eine originelle Annonce schalten, um einen Partner zu finden, nur frage ich mich natürlich, wie der folgende Text beim Leser ankommt:

»Wenn du humorlos, egoistisch, unsportlich bist und nicht weißt, was du willst – dann melde dich nicht bei mir. 41/170, mit 14-jähr. Tochter. Du solltest aber zwischen 38 und 47 Jahre alt sein. Chiffre E 605«
(Die Chiffre-Codierung habe ich natürlich frei erfunden!)

3. Präsuppositionen

Einen weiteren deutlichen Beweis dafür, dass Worte vom Empfänger unbewusst analysiert werden, liefern uns Präsuppositionen. Die Definition laut Duden:
»Präsupposition *die*; –, -en

1. stillschweigende Voraussetzung
2. einem Satz, einer Aussage zugrunde liegende, als gegeben angenommene Voraussetzung, die zwar nicht unmittelbar ausgesprochen ist, aber meistens gefolgert werden kann (Sprachwissenschaft)«

Milton Erickson war ein amerikanischer Psychiater und Psychotherapeut. Er prägte maßgeblich die moderne Hypnose und ihren Einsatz in der Psychotherapie. Von ihm ist bekannt, dass er sehr gerne und erfolgreich mit Präsuppositionen arbeitete.

Betrat ein Klient seinen Behandlungsraum, so begrüßte er ihn häufig mit der Präsupposition: »Und bevor es Ihnen gleich besser geht, nehmen Sie doch bitte hier auf diesem Stuhl Platz!« Er unterstellte also, es werde dem Klienten gleich besser gehen, ohne dies präzise auszusprechen. Würde er klipp und klar betonen, dass es dem Klienten gleich besser geht, hätte er unter Umständen mit Einwänden oder Ablehnung zu kämpfen. Diesen ging er mit einer Präsupposition aus dem Weg und betonte seine Meinung, ohne dass der Klient dies bewusst heraushören konnte! Außerdem verknüpfte er mit diesem Vorgang die Aufforderung, auf einem Stuhl Platz zu nehmen. Er war davon überzeugt, dass dies ein hilfreiches Vorgehen im Umgang mit Klienten und ihren Erkrankungen sei.

Von vielen Ärzten ist dagegen ein umgekehrter Umgang mit Präsuppositionen bekannt. Sie verabschieden ihre Patienten sehr häufig mit den Worten: »Und wenn es nicht besser wird, kommen Sie nächste Woche noch einmal vorbei!« Ob dieses Vorgehen den Krankheitsverlauf abkürzt oder verbessert, ist zu bezweifeln. Den Patienten erreicht vielmehr die Botschaft, dass es wahrscheinlich nicht besser werden wird. Den Ärzten ist die Auswirkung dieser Botschaft gar nicht bewusst. Eine Verabschiedung mit einer bewussten, hilfreichen Präsupposition wäre für den Krankheitsverlauf deutlich günstiger: »Ihre Erkrankung behandle ich auch bei anderen Patienten sehr häufig. Nach meiner Erfahrung wird es nach drei Tagen deutlich besser werden. Achten Sie bitte genau darauf, wann bei Ihnen die Besserung beginnt!« Mit diesem Auftrag fokussiert er den Patienten ausschließlich auf eine Verbesserung seines Zustandes.

Die Wirkung einer gezielt eingesetzten Präsupposition können Sie bei eher banalen Gelegenheiten sehr einfach testen. Bieten Sie Ihrem Gesprächspartner zwei Wassergläser mit den Worten an: »Möchten Sie das linke Glas oder lieber das rechte?« Die Formulierung »lieber das rechte« wird ihre Wirkung haben. Lieber ist gefühlsmäßig positiv repräsentiert, sodass jeder, der keine andere Präferenz hat, dem es also völlig gleich ist, welches Glas er nimmt, sagen wird: »Lieber das rechte.« So kann man das Verhalten von Menschen mit Worten steuern. »Möchten Sie am Dienstag zu uns kommen oder lieber am Mittwoch?« Selbstverständlich ist das eine Manipulation, das ist mir bewusst. Jedoch kann ich beim besten Willen daran nichts Schädliches erkennen.

4. Bringen Sie es auf eine andere Ebene

Sie haben sich zur Grippeschutzimpfung entschlossen und die Assistentin des Arztes will diese nun durchführen. Sie steht mit der Spritze vor Ihnen und bemerkt Ihren skeptischen Blick, der auf die Nadel gerichtet ist: »Das tut doch nicht weh«, sagt sie, und gibt sich dabei Mühe, beruhigend zu wirken. Beruhigt dieses Vorgehen wirklich? Wahrscheinlich nicht, denn da spricht jemand von »wehtun«. Außerdem sind Ihre eigenen Erfahrungen ganz andere. Manchmal spürte man den Einstich der Nadel schon. Und mit den eigenen Repräsentationen ist es wie schon beschrieben: Je intensiver (energetischer) diese sind, umso stärker werden sie emotional repräsentiert und treten somit bei Bedarf sehr intensiv hervor.

Was kann die Assistentin tun, um Sie ein wenig zu beruhigen? Festzuhalten bleibt an dieser Stelle: Wir sprechen jetzt zum ersten Mal über einen ungünstigen Umstand, der nur sehr schwer wirklich positiv darzustellen ist. Man kann und sollte den Vorgang nicht schönreden, z. B. mit: »Die Spritze tut Ihnen gut«, oder etwas in der Art. Das ist völlig unsinnig und nimmt Ihnen sowie niemand ab. Die einzig mögliche Alternative: Verkleinern Sie das Problem, z. B.: »Es gibt einen kleinen Pieks.« Die Umstände zu relativieren hilft immer dann, wenn etwas Unangenehmes nicht wegzudiskutieren ist.

Ein sehr schönes Beispiel, Unerfreuliches auf eine niedrigere Ebene zu bringen, hat Michael Ende in seinem wunderschönen Buch »Momo« beschrieben:

Der Straßenkehrer Beppo und die kleine Momo gehen durch die Stadt. Momo bemerkt die riesigen Berge von Dreck und Unrat, die Beppo beseitigen muss. Der nimmt das Ganze sehr locker und sagt dazu: »Ist gar nicht so schlimm. Man darf nur nicht die ganze Arbeit auf einmal sehen. Denn dann bekommt man Angst, dass man es nicht schafft. Man muss immer nur an den nächsten Schritt denken. Und den schafft man. Und dann geht man weiter und schafft den nächsten kleinen Berg. Schritt für Schritt.«

Bis auf »ist gar nicht so schlimm« und »nicht die ganze Arbeit auf einmal sehen« eine wirklich gute Strategie!

5. Beispiele

Überprüfen Sie bitte einmal, welches Gefühl sich bei Ihnen einstellt, wenn Sie folgenden Satz hören: »Ich habe nicht den geringsten Zweifel.«

Diese Äußerung ist tatsächlich immer wieder zu hören. Sie kommt immer dann zum Einsatz, wenn man zum Ausdruck bringen möchte, wie sicher man sich seiner Sache ist. Warum aber redet man von Zweifeln, wenn man genau das Gegenteil meint und seinem Gesprächspartner Sicherheit demonstrieren will? Das Wort »Zweifel« ist schließlich bei den meisten Menschen mit einer eher ungünstigen emotionalen Repräsentation verbunden.

Nun eine zielgerichtetere Äußerung. Bitte achten Sie auch hier auf Ihr persönliches Gefühl bei diesem Satz: »Ich bin mir in dieser Sache absolut sicher!« Da kann man nur sagen: Klar und direkt, so geht's!

Ein weiteres Beispiel: »Das muss Sie jetzt gar nicht beunruhigen.« Weshalb spricht man von Unruhe, wenn man das Ziel hat, jemanden zu beruhigen? Die Unruhe verursacht wieder einmal ungünstige Repräsentationen! Eine zielgerichtete und erfolgreichere Alternative wäre: »Bleiben Sie ruhig und gelassen.« Bei Zahnärzten z. B. kann diese Anweisung mit einem für beide Seiten angenehmeren Ablauf der Behandlung einhergehen. Der Klassiker beim Zahnarzt ist: »Ich bohre jetzt bei Ihnen. Wenn Sie es nicht mehr aushalten, heben Sie bitte die Hand.« Diese Vorbemerkung ist sicherlich gut gemeint. Ich selbst hätte wahrscheinlich schon vor Beginn der Behandlung die Hand oben! Auf dem Behandlungsstuhl des Zahnarztes ist der

Stresspegel nun einmal deutlich höher als bei einem Waldspaziergang. Zielgerichteter wäre die Anweisung: »Ich bohre jetzt bei Ihnen. Bitte bleiben Sie ruhig und gelassen. Erst wenn das nicht mehr geht, haben Sie die Hand.«

Wenn ich jemandem mitteilen möchte, dass er noch jede Menge Möglichkeiten und Chancen hat, ist die folgende »Aufmunterung« eher kontraproduktiv: »Sie haben doch nichts zu verlieren.« Eine zielgerichtete Botschaft kann man sogar mit einer Aufforderung zum Handeln zu verknüpfen: »Das ist eine echte Chance für Sie. Machen Sie das doch!« Diese Aussage macht Mut, im Gegensatz zum demotivierenden »Nichts zu verlieren«. Dann könnte man gleich anfügen: »Und kaufen Sie sich keine Langspielplatte mehr. Es lohnt für Sie nicht mehr.«

Eine alltäglich gehörte Botschaft ist: »Vergiss bitte nicht, xy zu machen!« Durch das »bitte« versucht der Sender zwar, seine Aufforderung höflich abzumildern, sie wird jedoch immer als Anweisung beim Empfänger ankommen. Anweisungen werden erst einmal nicht ganz so bereitwillig angenommen, müssen aber manchmal sein.
     In welche Kategorie würden Sie die Botschaft einordnen? Natürlich, es ist eine Präsupposition zum Thema »vergessen«. Wenn es nun sehr schlecht läuft und mein Gesprächspartner nicht hellwach ist, interpretiert er diese Botschaft genau so, nämlich als Aufforderung zu vergessen! Die Wahrscheinlichkeit, dass er hellwach ist, ist in diesem Fall relativ gering, denn wer nimmt schon mit großer Begeisterung Anweisungen entgegen?
     Wenn man schon auffordern muss, dann sollte diese Aufforderung zielführend sein: »Bitte denke daran, xy zu machen!«

Wer vor einer großen Herausforderung steht, hört häufig die »Ermunterung«: »Vielleicht ist alles gar nicht so schlimm!« Ob sie wirklich hilft, ist zu bezweifeln. Deutlich besser kommt dagegen die Botschaft an: »Du wirst das schaffen.« Oder ganz einfach: »Es wird schon!«

Sehr schön ist auch das Beispiel von den Nachbarn, die an der Türe klingeln und mit folgender Begrüßung beginnen: »Wir wollten ja nicht stören …«
     Mit einer Entschuldigung anzufangen, ist immer sehr töricht. Das erinnert mich an die Referenten, die einen Vortrag mit einer der folgenden Floskeln beginnen:

- »Eigentlich sollte heute ein anderer hier stehen …«
- »Eigentlich bin ich kein guter Redner …«
- »Ich habe da nur noch eine kleine Sache …«
- »Hoffentlich langweile ich Sie nicht!«
- »Ich hoffe, ich kann Ihren hohen Anforderungen gerecht werden!«
- »Eigentlich ist es ein langweiliges (trockenes) Thema, aber …«

- »Das Thema des letzten Redners war wirklich interessant. Meines ist jetzt weniger spannend.«
- »Ich möchte Sie damit nicht langweilen, jedoch …«
- »Nun ja, es sind zwar nur noch zehn Minuten bis zur Mittagspause, aber ich beginne jetzt noch mit meinem Thema.«

Diese Fehlstarts sind leider immer wieder zu hören, und man ertappt sich häufig bei dem Gedanken: »Ja, dann lass es doch einfach!«

Übrigens, den Nachbarn empfehle ich, mit ihrer eigentlichen Botschaft zu beginnen, falls sie eine haben: »Wir wollen uns mit Ihnen wegen der gemeinsamen Gartennutzung noch einmal zusammensetzen.«

Ein weiteres Beispiel entdeckte ich im Gästebuch eines Restaurants. Dort hatten sich zufriedene Gäste mit folgendem Spruch verewigt: »Wir fühlten uns, nicht zuletzt wegen der guten Bedienung, bei Ihnen gut aufgehoben.« Es war sicherlich nett gemeint, die Bedienung zu loben. Deutlich besser wäre dies gelungen, hätte man anders und zielgerichtet formuliert: »Wir fühlten uns, besonders wegen der guten Bedienung, bei ihnen sehr gut aufgehoben.«

Falls ich vom meinem Gegenüber »grünes Licht« für eine Aktion benötige, ist es kontraproduktiv zu fragen: »Hätten Sie etwas dagegen, wenn ich nun xy mache?« Es ist zwar sehr höflich, den anderen um Erlaubnis zu bitten, jedoch wenig zielführend für das eigene Tun. Denn wie reagiert der Gefragte? Er beherzigt die Aufforderung und überlegt, was er dagegen haben könnte. Die Chance ist ziemlich groß, dass er fündig wird und der höflichen Bitte nicht nachkommt.

Eine geschickte Frage ist in diesem Fall: »Sind Sie damit einverstanden, wenn ich nun xy mache?« Diese Präsupposition ist zielführend. Selbstverständlich wird der Gefragte eine große Bereitschaft zeigen, einverstanden zu sein.

Auch immer wieder gerne im Gebrauch ist: »Ich will Ihnen nichts verschweigen.« Aber warum in aller Welt redet man vom Verschweigen, wenn man alle Karten auf den Tisch legen will? Beim Empfänger der Botschaft könnte unbewusst eine gewisse Skepsis aufkommen. Falls ich also offen und ehrlich sein möchte, kündige ich dies genau so an: »Ich werde Ihnen alles zu diesem Sachverhalt mitteilen!« So klingt eine zielgerichtete Botschaft!

Etwas nicht zu wissen, insbesondere dann, wenn man es eigentlich wissen sollte, ist ungünstig. Die Antwort »Ich weiß es nicht« wird in diesen Fällen niemand wirklich gerne geben. »Ich will Ihnen da nichts Falsches sagen«, wird in diesen Situationen sehr gerne eingesetzt, um zumindest den guten Willen zu demonstrieren. Beim Gegenüber jedoch ist die Aussage »nichts Falsches« emotional ungünstig repräsentiert.

Um nicht nur zielorientiert etwas auszudrücken, sondern auch den Gesprächs-partner in den Mittelpunkt der Aussage zu rücken, ist folgende Bemerkung deutlich günstiger: »Ich werde mich für Sie erkundigen.«

»Sie können mir bedenkenlos vertrauen!« Unabhängig davon, ob ich das über-haupt möchte, ist die Wahl des Wortes »bedenkenlos« schon ziemlich gewagt. Mit dem Begriff »Bedenken« dem Empfänger mitzuteilen, dass er diese nicht zu haben braucht, wird genau das Gegenteil erreicht. Er wird zielgerichtet darauf aufmerksam gemacht. Darüber hinaus möchte niemand etwas bedenkenlos oder unüberlegt tun. Bedenkenlos bedeutet ja irgendwie auch leichtsinnig. Lässt man dies einfach weg oder ersetzt es durch »völlig«, wird der Satz deutlich akzeptabler. Der Empfänger der Botschaft wird so eher zu überzeugen sein.

Hat man jemandem einen Gefallen erwiesen, erhält man normalerweise Dank da-für. Die Standardfloskel, mit der dieser Dank quittiert wird, ist häufig: »Keine Ursa-che!« Welche Ursache? Und wieso keine? Man muss schon genau nachdenken, was diese Floskel bedeuten soll. Nämlich, dass der Dank nicht notwendig gewesen wäre, da man die Hilfe als selbstverständlich ansieht. Nur, wer kann diesen Denkvor-gang spontan nachvollziehen? Man hat verbal wieder einmal jemandem »von hinten durch die Brust ins Auge geschossen!« (Nur, es hat niemand bemerkt.)

Einfacher und zielgerichteter geht es doch mit: »Das war für mich selbstverständ-lich.« Oder: »Das habe ich gerne gemacht!«

Will man etwas besonders betonen, beginnt man häufig mit der Vorbemerkung: »Und, was nicht ganz unwichtig ist …« Nicht ganz unwichtig? Wieso unwichtig?

Wenn die Botschaft tatsächlich bedeutsam ist, und das scheint sie ja auch zu sein, sollte man das genau so kommentieren: »Und, was in diesem Zusammenhang von besonderer Bedeutung ist …« Mit dieser Aussage unterstreicht man die Wichtigkeit der Tatsache intensiv. Dagegen wird man mit der ersten Aussage genau das Gegen-teil erreichen!

6. Begriffe

Kommen wir nun zu bestimmten Begriffen und Worten, die sehr häufig benutzt werden, jedoch ungünstig vom Empfänger aufgenommen werden können.

Problem

Ursprünglich stammt der Begriff aus dem Griechischen. Er bezeichnet eine schwierig zu lösende Aufgabe. Wenn wir das Wort im Alltag einsetzen, haben wir jedoch die

Lösung kaum noch damit verbunden. »Problem« bezeichnet meist einen Zustand, der gar nicht oder nur mit großem Aufwand oder Mühe zu verändern ist. Außerdem besagt das Wort »Problem«, dass man in einer Sache in gewisser Weise festhängt und nicht weiterkommt. Ansonsten könnte man ja von einer Lösung oder einem Lösungsweg sprechen. Offensichtlich ist der Begriff »Problem« mit unangenehmen emotionalen Repräsentationen verbunden. Und wer hat schon gerne Probleme?

Wieder einmal reicht schon eine andere Wortwahl, und der Fokus ist ein völlig anderer. Ein Wort, das eine andere Bedeutung hat und trotzdem hervorragend in den Kontext passt, ist »Herausforderung«. Mit einer Herausforderung sind normalerweise günstigere Repräsentationen verbunden. Herausforderungen kann man angehen und meistern. Herausforderungen sind Aufgaben und keine Blockaden oder Hindernisse. Außerdem hat die Sichtweise der Herausforderung einen enormen Vorteil: Der Fokus richtet sich auf eine mögliche Lösung bzw. ein Ziel und nicht auf einen blockierten Zustand wie bei einem Problem.

Mit einer Herausforderung sind Sie also schon auf dem Weg zur Lösung. Mein Tipp: Streichen Sie das Wort »Problem« weitgehend aus Ihrem Wortschatz und nutzen Sie die zielgerichtetere Alternative!

Warum

Während meiner Tätigkeit als Kommunikationstrainer habe ich bei einem Begleitbesuch mit einem neuen Außendienstmitarbeiter folgende Situation erlebt (Ich möchte Sie bitten, sich in die Rolle des Kunden zu versetzen):

Mitarbeiter: »Herr Meier, kennen Sie unser Produkt xy?«

Kunde: »Ich kenne es und setze Produkte dieser Art auch sehr häufig ein, Ihr xy jedoch eher selten.«

Mitarbeiter: »Herr Meier, warum setzen Sie es denn so selten ein?«

Kunde: »Ich lasse mich nicht ausfragen. Leute, die so fragen, brauchen sich bei mir erst gar nicht um einen Termin bemühen!«

Der Unmut des Kunden ist verständlich. Diese »Warum-Frage« klingt wie eine Beschuldigung, sie ist mit unangenehmen Emotionen gekoppelt und weckt somit schlechte Gefühle, auch wenn der Fragesteller das gar nicht beabsichtigt. Eine »Warum-Frage« aktiviert beim Gesprächspartner in aller Regel einen Problem- und keinen Lösungsmodus. Und der Fokus auf das Problem bewirkt eine Verschlechterung des inneren Zustandes.

Der Mitarbeiter hatte sicherlich eine positive Absicht mit der Frage. Er wollte die Hinderungsgründe für den aus seiner Perspektive zu seltenen Einsatz seines Produktes erfragen, um evtl. weitere Überzeugungsarbeit leisten zu können. Mit einer anderen Vorgehensweise wäre er ganz sicher erfolgreicher gewesen, nämlich mit einer »Was-Frage«: »Was müsste unser Produkt xy leisten, damit Sie es häufiger einsetzen?« Bei dieser Frage stehen die Leistungsmerkmale des Produktes im

Mittelpunkt und nicht die Handlungsweise des Kunden. Was- oder Wie-Fragen eröffnen weitere Kommunikationsmöglichkeiten!

Ähnlich dürfte es Ihnen ergehen, wenn Ihr Chef Sie fragt: »Warum haben Sie das gemacht?« Warum-Fragen sind problembezogen. Wer in eine Schwierigkeit hineinfragt, bekommt Rechtfertigungen und keine Lösungen. Das Ziel der Frage wird völlig verfehlt. Vier Beispiele dazu:

1. »Warum kommen Sie so spät zur Arbeit?« Antwort: »Es war so viel Verkehr auf der Autobahn.«
2. »Warum hast du dein Zimmer nicht aufgeräumt?« Antwort: »Ich hatte noch keine Zeit (Lust) dazu.«
3. »Warum hast du mich betrogen?« Antwort: »Ich weiß es auch nicht, es hat sich einfach so ergeben.«
4. »Warum sagst du so etwas Gemeines zu mir?« Antwort: »Keine Ahnung, es ist mir so rausgerutscht.«

Diese Antworten bringen niemanden weiter. Lösungsorientierte Fragen sind sinnvoller:

1. »Wie können Sie sicherstellen, in Zukunft pünktlich zum Dienst zu erscheinen?«
2. »Wann hast du Zeit, dein Zimmer aufzuräumen?« »Wann wirst du dein Zimmer aufräumen?«
3. »Wie siehst du die Zukunft unserer Beziehung?«
4. »Bitte sag so etwas nicht mehr zu mir, du verletzt mich damit sehr. Meinst du, du kannst das?«

Harte Fragen! Sie helfen jedoch, Lösungen zu finden, und konzentrieren sich nicht auf Probleme und die Vergangenheit. Lösungsfragen beschäftigen sich also mit einer angestrebten besseren Zukunft – denn die Vergangenheit ist nun einmal nicht mehr zu verändern!

Ihr Gegenüber hat mit diesem Vorgehen die Möglichkeit, eigene Lösungen zu finden, und das ist sinnvoller, als diese vorzugeben. Eigene, selbst gefundene Lösungen erzeugen deutlich mehr Motivation zur Umsetzung als vorgegebene Lösungen anderer.

Versuchen

»Versuchen« ist ein weiteres Wort, das wenig Nutzen verspricht. Fordern Sie niemals jemanden auf, etwas zu versuchen. Denn je stärker man etwas versucht, umso weniger wird man es tun. Das klingt unlogisch, ist es aber nicht.

»Liebling, du musst versuchen, heute pünktlich nach Hause zu kommen.« Die Antwort: »Ja, das versuche ich!« Diese Antwort ist leicht und schnell gegeben. Immerhin hat man das schon oft genug versucht und es hat häufig schlecht funktioniert. Versuchen kann man es ja noch einmal – nur tun wird man es nicht, und man hat es ja auch nicht zugesagt!

> »Tu es oder tu es nicht.
> Es gibt keine Versuche.«
>
> *Meister Yoda, »Star Wars«*

Aber

Dieses kleine Wort hat eine ganz bestimmte Bedeutung. Mit »aber« wird der Widerspruch eingeleitet und das vorher Gesagte abgewertet. Wir setzen es am Anfang eines Satzes ein (»Aber das ist doch ganz anders …«) oder gebrauchen es in der Mitte als Konjunktion (Bindewort).

Beispiel: »Es mag schwierig sein, aber es ist möglich.« Oder: »Man kann das so sehen wie Sie, aber es geht auch ganz anders.« Bei dieser Nutzung erfüllt das Wort genau seinen vorgesehenen Zweck, denn es verdeutlicht, dass der zweite Teil des Satzes eine größere Bedeutung besitzt und lässt den ersten Satzteil unwahr, unrichtig oder unbedeutend erscheinen.

Wollen Sie jedoch zwei positive Aspekte aneinanderreihen, macht die Nutzung dieses Wortes gar keinen Sinn. Sie verhindern damit, dass die Botschaft ankommt, die Sie im zweiten Satzteil anbringen wollen, und säen Zweifel an der Aussage im ersten Teil.

Beispiel: »Herr XY, es ist schön, dass Sie in der vergangenen Woche eine Bestellung bei uns aufgegeben haben, aber können Sie sich vorstellen, unser Produkt nun regelmäßig einzusetzen?« Hört der Kunde das Wort »aber«, versteht er, dass irgendetwas mit dem ersten Teil der Botschaft nicht in Ordnung oder unbedeutend ist. Der erste Teil der Botschaft verfehlt völlig seine Wirkung, da das Wort »aber« den Fokus auf den zweiten Teil des Satzes lenkt. Die Botschaft, dass man sehr erfreut über die Bestellung war, ist verpufft. Macht man jedoch zwei selbstständige Sätze daraus, entfällt dieser Effekt: »Herr XY, es ist schön, dass Sie eine Bestellung bei uns aufgegeben haben. Können Sie sich vorstellen, unser Produkt regelmäßig einzusetzen?«

Bis vor einiger Zeit wurde Verkäufern die »Ja-aber-Methode« empfohlen, um Einwände zu entkräften. Eine ziemlich unsinnige Empfehlung, wie folgendes Beispiel zeigt. Autoverkäufer: »Ja, dieses Fahrzeug kostet 50 000 €, aber Sie bekommen ja auch sehr viel dafür. »Aber« bedeutet: »Ihr Einwand ist völlig ungerechtfertigt und eigentlich haben Sie keine Ahnung von der Materie.« Beim Kunden kommt der Gebrauch des Wortes »aber« in einem solchen Kontext ungünstig an!

Die bessere Alternative, um Einwände zu entkräften und das Wort »aber« zu meiden, ist die »Einerseits-andererseits-Methode«. Dabei wiederholen Sie das eingewandte Argument mit dem Wort »einerseits« und stellen dann Ihr Gegenargument mit dem Wort »andererseits« dagegen: »Einerseits kostet das Auto 50 000 €, andererseits bekommen Sie dafür enorm viel geboten.« Mit diesen Formulierungen lassen Sie die Argumente des Kunden wirklich gelten und stellen dann Ihre Argumente dagegen, ohne den Kunden anzugreifen. Verkaufstechnisch kann man diese Aussagen noch durch Körpersprache unterstreichen, z. B. bei der ersten Aussage die linke Hand offen halten und beim Betonen der anderen Aussage die rechte Hand öffnen. Mit diesem Vorgehen hat man dann beide Aussagen gewissermaßen gleichberechtigt nebeneinander vor sich liegen!

Wer »aber« sagt, hat ein »Problem«: »Schön, dass du eine Zwei in der Klassenarbeit geschrieben hast, aber du musst immer regelmäßig deine Hausaufgaben machen.« Der Vorwurf (die Hausaufgaben werden zu selten gemacht) überlagert das Lob (eine Zwei in der Klassenarbeit). Die Anerkennung verfehlt ihre Wirkung.

Besser ist es, die Würdigung der guten Note nicht gleich wieder zu zerstören und zum Ende des Gesprächs einen Ausblick zu schaffen: »Super Note in der Deutscharbeit. Das hast du wirklich gut gemacht! Wenn du nun noch regelmäßig deine Hausaufgaben machst, ist da beim nächsten Mal sogar eine Eins drin!«

Unsinnig ist es auch, einen Satz mit »aber« zu beginnen, wenn man gar nicht widersprechen möchte: »Aber schauen wir doch einmal genauer hin.« Das klingt so, als hätte man bis dahin nur sehr unscharf oder ungenau diskutiert. Will man jedoch genau dies ausdrücken, ist diese Wortwahl völlig in Ordnung.

Besser also, Sie ersetzen »aber« in bestimmten Situationen durch das Wort »und« – oder Sie lassen es einfach ganz weg.

In Werbebotschaften wird »aber« dagegen häufig sinnvoll eingesetzt, besonders dann, wenn Selbstverständliches im ersten Teil des Satzes kommuniziert wird. Die Aufmerksamkeit wird dann mit »aber« auf den zweiten Teil gelenkt. Beispiele:

- »Alles, aber günstig«
- »Bauen, aber richtig«
- »Hart, aber fair«

Auch der Komiker Mario Barth benutzt »aber« sehr gezielt: »Männer sind Schweine, Frauen aber auch.«

Im privaten Umfeld funktioniert die Methode ebenfalls. Ein bedauernswerter Fakt wird genannt und man richtet die Aufmerksamkeit auf den zweiten Teil des Satzes:

- »Traurig, aber wahr«
- »Ernst, aber nicht hoffnungslos.« Wobei das »hoffnungslos« gut gemeint ist, jedoch sehr ungünstig aufgenommen werden kann. Besser ist: »Ernst, jedoch es besteht Hoffnung.«

Der ehemalige amerikanische Präsident John F. Kennedy wusste ebenfalls mit dem Wort »aber« gezielt umzugehen. Es sagte einmal: »Vergib deinen Feinden, aber vergiss nie ihre Namen!«

Müssen/nicht dürfen

Mit diesen Worten setzt man andere Menschen unter Druck. Beispiel: »Du musst versuchen, mit dem Rauchen aufzuhören.« Man wird alles andere tun, als auf diese Aufforderung hin ein Anti-Raucher-Programm zu starten.

»Du musst« haben unsere Eltern in unserer Kindheit oft benutzt. Wir haben schlechte Erfahrungen gemacht, also ungünstige emotionale Repräsentationen abgespeichert.

Das Gleiche gilt für die Schule: »Thorben-Hendrik, du musst vor den Tests mehr üben.« Ihre Chance bei Thorben-Hendrik wird größer, wenn Sie die Vorteile des Trainings erklären und was er damit erreichen kann!

Weichmacher und Konjunktive

Vermeiden Sie bitte Weichmacher und Konjunktive im Umgang mit anderen Menschen. Sagen Sie klar und deutlich Ihre Meinung oder was genau Sie erreichen wollen. Weichmacher sind Kommunikationsstörer, denn sie machen nicht klar, was wirklich gemeint ist.

Diese Redewendungen suggerieren, dass man nicht hinter den Aussagen steht, die man macht. Die Angesprochenen werden kaum Anlass haben, die Anweisungen oder Bitten umzusetzen. Viele Menschen sind leider wahre Meister in der Benutzung von Konjunktiven. Sie scheuen sich, ein klares und deutliches Statement abzugeben, meist aus Angst, andere zu brüskieren oder zu bevormunden. Unterbewusst kommen die Konjunktive sehr ungenau an. Verhaltensänderungen z. B. werden deutlich eher durchgeführt, wenn Vorteile und Nutzen kommuniziert werden.

Aussage	Besser ist
Das kann man so sehen.	Ich sehe das genauso wie Sie.
Ich glaube, das ist so, wie Sie sagen.	Das sehe ich auch genau wie Sie.
Es könnte so sein, wie Sie das beschreiben.	Eine interessante Möglichkeit, die Sie da aufzeigen.
So sollten Sie das nicht sehen.	Sehen Sie das doch positiv …
Evtl. wäre es sinnvoll, eine Kur zu beantragen.	Eine Kur kann Ihnen helfen, stellen Sie doch einen Kurantrag.
Vielleicht haben Sie recht mit Ihrem Einwand.	Ein wirklich berechtigter Einwand, ich werde darüber nachdenken.
Sie sollten das nicht so eng sehen.	Sie können das auch positiv sehen …
Sie sollten sich das nicht zu Herzen nehmen.	Sehen Sie das doch einmal anders …
Man könnte einen Versuch starten.	Tun Sie das, es bietet eine echte Chance.
Man könnte das so machen.	Falls man das so macht, ergeben sich folgende Vorteile …
Ich würde erst einmal abwarten.	Warten Sie noch zwei Wochen, dann können wir sehen, wie weit sich alles entwickelt hat.

Im Übrigen klingen Weichmacher manchmal sogar richtig dümmlich. Da startet im Radio eine interviewte Theaterkritikerin ihre Stellungnahme zu einem Stück mit: »Ich würde denken …« Das kann es ja nun wirklich nicht sein! Bei dieser Antwort hat sie ganz sicher (noch) nicht gedacht!

Fachchinesisch

Egal in welchem Beruf Sie tätig sind oder welchem Hobby Sie nachgehen: Vermeiden Sie außerhalb dieser Umgebung jegliches Fachchinesisch. Einige Menschen versuchen (hier trifft das Wort auf den Punkt), sich damit von der Masse abzuheben. Es bleibt dann auch beim Versuch. Als Kommunikationspartner sind diese Menschen eher unbeliebt. Genauso ungünstig wirkt ein übertriebener Umgang mit Fremdwörtern.

Meiden Sie ebenfalls für Sie selbstverständliche Abkürzungen, die jedoch nicht jedem geläufig sind. Abkürzungen, die mit Sicherheit fast jedem bekannt sind, kann man dagegen immer verwenden. Beispiel: Kfz-Steuer, TÜV, PC oder VW. Nicht nutzen sollten Sie dagegen UVP (unverbindliche Preisempfehlung) oder SSV (Sommerschlussverkauf). Es sei denn, Sie sprechen vor dem Einzelhandelsverband!

7. Ich-Botschaften

Falls Sie bei Menschen Veränderungen bewirken wollen, haben Sie entweder die Möglichkeit eine Du-Botschaft oder eine Ich-Botschaft zu formulieren. Du-Botschaften haben die Eigenschaft, kommunikationshemmend zu wirken. Meist wird damit eine Schuldzuweisung verbunden oder man suggeriert »Tatsachen«:

- Du bist …
- Du kannst …
- Du hast …
- Warum machst …
- Mach nicht …
- Tu dies …
- Lass das …

Das Ergebnis ist häufig Stress bei der angesprochenen Person und der übermächtige Wunsch, sich zu verteidigen. Man ist persönlich bewertet worden, und das hat bei einer ungünstigen Bewertung niemand gerne. Konflikte sind oft vorprogrammiert. Besonders in Stresssituationen oder bei schwierigen Gesprächen können diese Botschaften sehr ungünstig wirken, da Du-Botschaften keine Lösungen anstreben, sondern frühere Probleme ansprechen. Das Eigenartige daran ist, dass man eigentlich eine Lösung erreichen möchte, jedoch ein Problem bespricht.

Besser wäre es dann doch, gleich in den Lösungsmodus einzusteigen, und das ist mit einer Ich-Botschaft viel einfacher möglich. Ich-Botschaften haben durchweg positive Eigenschaften. Sie wirken kommunikationsfördernd und sind lösungsorientiert. Sie beziehen sich nicht in erster Linie auf den anderen, sondern auf die eigenen Gefühle oder Wünsche. So wird die andere Person nicht frontal mit Schuld oder Unfähigkeit konfrontiert. Die Chance auf ein konstruktives Gespräch mit einem guten Ergebnis ist für beide Seiten somit erheblich größer.

- Ich wünsche mir von dir …
- Für mich ist das so unakzeptabel.
- Ich erlebe das so …
- Ich empfinde …
- Ich bin traurig, wenn …
- Es tut mir leid, wenn du …
- Ich bin enttäuscht über …
- Bei dieser Angelegenheit brauche ich deine Hilfe.
- Bitte hilf mir bei …
- Bitte verstehe mich richtig, ich möchte dir bei … helfen

Beispiele aus der Partnerschaft:

Du-Botschaft: Musst du denn immer gleich beleidigt sein?
Ich-Botschaft: Ich wünsche mir von dir, dass du mir zuerst einmal zuhörst.

Du-Botschaft: Warum kommst du heute erst so spät nach Hause?
Ich-Botschaft: Ich freue mich, wenn wir beide den Abend gemeinsam verbringen können.

Du-Botschaft: Du hast mir versprochen, dass wir heute ausgehen.
Ich-Botschaft: Ich weiß ja, dass du sehr viel arbeiten musst. Mir würde es jedoch sehr viel Spaß machen, heute Abend unsere Freunde zu treffen.

Du-Botschaft: Musst du immer so schnell fahren?
Ich-Botschaft: Ich fühle mich schlecht, wenn du so schnell fährst!

Du-Botschaft: Sei bitte pünktlich heute Abend.
Ich-Botschaft: Ich freue mich, wenn du heute pünktlich kommst.

Beispiele aus der Erziehung:

Du-Botschaft: Räume bitte dein Zimmer auf.
Ich-Botschaft: Ich wünsche mir, dass du dein Zimmer aufräumst.

Du-Botschaft: Nichts da, wir fahren heute zu deinen Großeltern und du fährst mit.
Ich-Botschaft: Ich verstehe ja, dass du lieber zu Hause spielen möchtest. Ich würde mich trotzdem sehr darüber freuen, wenn du mit zu den Großeltern kommst.

Ich-Botschaften sind besonders dann sehr wirkungsvoll, wenn man selbst emotional betroffen ist. Haben Sie z. B. einen Mitarbeiter seit geraumer Zeit zu Verhaltensänderungen aufgefordert und sein Teamverhalten ist immer noch wenig Erfolg versprechend, kann es sehr hilfreich sein, Ihre persönliche Betroffenheit auszudrücken. »Lieber Herr Müller, seit einiger Zeit gebe ich Ihnen Hinweise, wie Sie im Team erfolgreicher verfahren können. Ich habe mehrfach versucht Tipps zu geben und habe Sie kaum damit erreichen können. Ich habe ein sehr schlechtes Gefühl, dass ich es nicht schaffe, die Stimmung in unserem Team zu verbessern.«

Entscheidend für die positive Aufnahme Ihrer Äußerung ist, dass Sie keine Schuld zuweisen. Das Gespräch wendet sich damit ein Stück weg von den möglichen Fehlern von Herrn Müller. Es geht einzig und allein um Ihre Gefühle und darum, das Team zu entwickeln. Die überzeugende Wirkung der Ich-Botschaft ist sehr simpel: Der Fokus liegt auf der Lösung, nicht auf dem Problem.

Zwei weitere Faktoren spielen ebenfalls eine bedeutende Rolle:

- Zum einen öffnen Sie sich selbst ein Stück mit einer Ich-Botschaft und erhalten dadurch einen persönlicheren und engeren Kontakt zu Ihrem Gegenüber. Durch diese Selbstöffnung haben Sie eine reelle Chance, dass Ihr Gesprächspartner sich Ihnen auch öffnen wird!
- Zum anderen übernehmen Sie durch die Ich-Botschaft auch ein Stück Verantwortung für das Gelingen des Prozesses und schieben diese nicht dem Gesprächspartner zu. Sie teilen sich gewissermaßen die Verantwortung. In einigen Fällen, wie z. B. bei Herrn Müller, verbünden Sie sich mit ihm, um ein gutes Ergebnis zu erzielen! Sie sagen ihm nicht, was er tun muss, Sie sagen ihm lediglich, dass es Ihnen selbst schlecht geht in dieser Situation und bitten um Mithilfe. Die meisten Menschen sind deutlich eher bereit zu helfen, als sich beschuldigen zu lassen!

Besonders effektiv sind Ich-Botschaften in der Erziehung. Bevor Sie jedoch Ich-Botschaften nutzen, ist es sehr wichtig, dass Sie sich darüber im Klaren sind, dass Sie Ihre Gefühle damit preisgeben. Sie sollten daher unbedingt in diesem Moment gedanklich bei sich selbst sein und nicht beim anderen.

Die Psychoanalytikerin Ruth Cohn hat es so formuliert: »Ich muss erst ›ich‹ fühlen, bevor ich ›ich‹ sagen kann.« Daher der Appell: Seien Sie bitte mit der Ich-Botschaft immer kongruent, sonst verfehlt sie ihre Wirkung oder wirkt sogar kommunikationsverhindernd. Setzen Sie Ich-Botschaften immer nur dann ein, wenn Sie auch so fühlen. Sie werden überrascht sein von den guten Ergebnissen, die daraus entstehen!

Als ich vor kurzer Zeit ein Kommunikationstraining durchgeführt habe, kam eine Teilnehmerin am zweiten Tag des Trainings gut gelaunt zu mir und berichtete: »Ich habe gestern Abend eine Ich-Botschaft eingesetzt und hatte einen völlig überraschenden Erfolg damit. Mein Mann ist notorisch unpünktlich seit ich ihn kenne. Ich ärgere mich seit Jahren darüber und wir haben aus diesem Grund ständig Stress in unserer Beziehung. Gestern Abend hatten wir uns um 20 Uhr bei unseren Freunden verabredet. Es kam, wie es kommen musste: Er kam natürlich zu spät. Um 21 Uhr habe ich ihn dann schließlich angerufen. Früher hätte ich ihn zuerst beschuldigt und gefragt, wann er denn nun endlich erscheinen würde. In der Vergangenheit war das immer der Auslöser für einen gewaltigen Krach, der ein paar Tage anhielt. Im Übrigen erschien er dann an solchen Abenden erst gar nicht. Gestern bin ich anders vorgegangen und habe eine Ich-Botschaft benutzt: ›Du Schatz, ich bin schon seit einer Stunde bei den Meiers. Ich würde mich freuen, wenn du nun auch zu unseren Freunden kommen würdest.‹ Er war im ersten Moment ziemlich verdattert, versprach jedoch dann sofort, dass er auch gleich dort sein würde. Er erschien auch nach kurzer Zeit und es wurde noch ein sehr schöner und harmonischer Abend!«

Ich kann mich noch sehr gut an einen meiner früheren Vorgesetzten erinnern. Alle Kolleginnen und Kollegen mochten seine angenehme Art zu führen. Selbst bei Konfliktgesprächen war er immer in der Lage, »sanft« (jedoch erfolgreich) zu argumentieren, indem er seine Meinung mit »ich denke« kennzeichnete. Durch diese angenehme Art ermunterte er seine Mitarbeiter dazu, eigene Lösungen selbst ins Gespräch einzubringen und sich zu öffnen.

Hilfreiche Formulierungen für Ich-Botschaften sind:

- Ich sehe das so …
- Ich denke …
- Meine Meinung dazu ist …
- Mein Standpunkt ist …
- Aus meiner Sicht …

Falls Sie als Chefin oder Chef Kritik anbringen wollen, ist es für ein positives Ergebnis wichtig, dass Sie eine Lösung anstreben und nicht den Fehler besprechen. Damit betreiben Sie konstruktive und keine destruktive Kritik. Konstruktive Kritik ist immer zielgerichtet und der Sinn jeder Kritik kann es nur sein, für die Zukunft den »Fehler« abzustellen. Es ist eine zweifelhafte Hoffnung, negativ zu kritisieren und zu erwarten, dass dabei ein gutes Ergebnis herauskommt. Besser ist:

- Ich wünsche mir, dass Sie …
- Ich möchte, dass Sie das so machen …
- Sie sollten beim nächsten Mal …
- Wenn Sie in Zukunft …

Übrigens ist das Wort »Kritik« auch eine ungünstige Formulierung. Kritik bedeutet umgangssprachlich immer: »Ich muss dir etwas Negatives zu deiner Person sagen.« Höre ich »Kritik«, bin ich als Kritisierter zunächst einmal wenig bereit, zuzuhören, denn ich lasse mich ungern be- oder verurteilen!

Das Ziel der Kritik sollte sein, eine ungünstige Aktion in Zukunft nicht mehr vorkommen zu lassen. Also bespreche ich besser auch nur diese Aktion und nicht die Person. Da hilft uns der Ausdruck »Feedback«. Dies ist nun leider ein englisches Wort. Ich kenne leider kein besseres deutsches. Selbst »Rückmeldung« ist wenig passend: »Ich möchte Ihnen eine Rückmeldung geben.« Na, ich weiß nicht; besser ist da allemal: »Ich möchte Ihnen zu der Aktion mein Feedback geben.«

Ein Feedback bespricht immer nur die Handlungen und eben nicht die Personen. Über meine Handlungen lass ich gerne mit mir reden, über meine Person, zumal wenn das für mich ungünstig ist, nicht so gerne!

Zum Bereich der Du-Botschaften gehören auch angreifende Formulierungen. Diese sind ebenfalls wenig hilfreich, da sie unser Gegenüber in eine Abwehrstellung drängen. Dass dabei ungünstige Emotionen oder Gefühle entstehen, versteht sich von selbst. Wir teilen unseren Gesprächspartnern mit diesen Formulierungen mit, was wir von ihnen halten, ohne es konkret zu sagen. Konflikte sind mit diesen Formulierungen vorprogrammiert:

Formulierung	Das kommt an	Alternativ
Das haben Sie nicht richtig verstanden.	Er/sie meint, ich wäre blöd.	Ich habe mich unklar ausgedrückt.
Hören Sie mir doch erst einmal richtig zu.	s. o.	Ich habe mich unklar ausgedrückt.
Da irren Se sich.	s. o.	Ich möchte es einmal anders formulieren.
Können Sie das nicht einmal vernünftig erklären?	s. o.	Ich habe es nicht richtig verstanden. Können Sie mir das bitte noch einmal erklären?
Das darf ja wohl nicht wahr sein, was Sie da sagen.	s. o.	Ich sehe die ganze Sache etwas anders.
Wie jedermann weiß. Das weiß doch jedes Kind. Das ist doch Allgemeinwissen	s. o. – ich weiß es nämlich nicht.	Ich meine dazu … Meine Meinung dazu ist …
Aber das müssen Sie doch wissen.	s. o. – ich weiß es nämlich nicht.	Ich möchte es anders formulieren …
Wie Ihnen bekannt sein müsste …	s. o. – ich weiß es nämlich nicht.	Für mich stellt sich der Sachverhalt so dar …
Bitte unterbrechen Sie mich jetzt nicht.	Sie/er meint, dass ich störe.	Geben Sie mir bitte noch einen kleinen Augenblick, dann wird die Sache wahrscheinlich klarer.

Das ist doch völlig wirklichkeits-fremd.	Er/sie meint, ich hätte keine blasse Ahnung.	Darüber muss ich erst noch ein-mal nachdenken.
So geht das nicht. Das haben Sie falsch gemacht. Sie können das nicht. Falsch … Das war ein Fehler.	s. o.	Ich habe eine Idee, wie es funkti-onieren könnte.
Nun kommen Sie endlich einmal zur Sache.	Sie/er meint, ich würde nur dummes Zeug reden.	Nur damit ich es richtig verstehe: Können Sie die wesentlichen Dinge einmal zusammenfassen?

Wenn Sie einen Standpunkt vertreten, ist es sinnvoll, diesen als Ihre eigene Meinung darzustellen. Das ist für Ihre Gesprächspartner allemal angenehmer, als Ihre Mei-nung als universell gültige Wahrheit präsentiert zu bekommen. Den eigenen Stand-punkt darzustellen macht deutlich, dass es sich um die persönliche Meinung handelt und dass es keine allgemeinen Weisheiten sind. Zumal sich häufig genug, besonders in Wissenschaft und Technik, die Erkenntnisse radikal ändern können.

Denken wir beispielsweise an viele Dinge, die früher völlig anders gesehen wur-den. Später stellte sich heraus, dass sich die »Wirklichkeit« ganz anders verhielt:

- Die Erde ist eine Scheibe.
- Operationen am Herzen werden unmöglich sein.
- Kernspaltung ist unmöglich.
- Ein Beamter im Patentamt der USA verkündete 1899: »Alles, was erfunden werden kann, ist bereits erfunden worden.«
- Tom Watson, der Gründer von IBM, hatte in den 50er-Jahren des letzten Jahr-hunderts noch behauptet, dass es einen weltweiten Computerbedarf von maxi-mal sechs bis zehn geben werde.
- Als Elvis Presley 1956 seine erste LP für RCA-Records aufgenommen hatte, sagte er in einem Interview: »In four years, maybe Rock 'n' Roll is dead.«
- Bill Gates (Microsoft) urteilte 1995 über die Zukunft des World Wide Web: »Das Internet ist nur ein Hype.«

Viele fatale und manchmal für die Irrenden extrem teure Fehleinschätzungen, z. B. bei Herrn Gates! Häufig ändern sich die Lehrmeinungen, die früher vehement vor-getragen wurden, über Nacht. Man sollte also vorsichtig damit sein, zu glauben, alles ließe sich als universelle Weisheit darstellen!

Die Beatles z. B. wurden zu Beginn ihrer Karriere von einer Plattenfirma abge-lehnt, weil man 1963 der Meinung war, »Gitarrenmusik« liege nicht im Trend der Zeit und verkaufe sich daher in Zukunft nicht. Dieser Irrtum hat die Plattenfirma um eine goldene Zukunft gebracht!

Übrigens:

> Wirklichkeit heißt Wirklichkeit, weil sie auf uns
> so »wirkt«. Ansonsten müsste sie ja »Istlichkeit«
> heißen!

Der Sender der Botschaft

Alle sprachlichen Botschaften müssen zuerst einmal im Gehirn zusammengestellt werden. Diese Denkvorgänge werden immer wieder von einer »inneren Kommunikation« begleitet. Vielleicht ist Ihnen auch schon aufgefallen, dass wir im Inneren ständig mit uns selbst reden, um zu Ergebnissen zu kommen. In diesen »Selbstgesprächen« kommen unsere Erfahrungen und Glaubenssätze zu Wort, die wir im Laufe unseres Lebens erworben haben. Es können z. B. Stimmen sein, die uns zu mehr Fleiß, Pünktlichkeit, Disziplin, Ruhe, Eile oder Ordnung ermahnen.

Beispiel: Sie erwachen am Sonntagmorgen und stellen fest, dass die Sonne scheint und es ein schöner Tag werden wird. Eine Stimme in Ihnen sagt: »Egal, dreh dich noch mal um und schlafe noch etwas. Gestern Abend ist es spät geworden und du kannst noch etwas Schlaf gebrauchen. Schließlich ist heute Sonntag!« Noch während Sie sich wieder zur Seite drehen, hören Sie eine andere Stimme: »Steh auf, zieh die Sportschuhe an und laufe eine Stunde im Wald. Du wolltest schon seit einiger Zeit mehr für deine Fitness tun. Das Wetter ist schließlich dazu ideal!« Drauf eine weitere Stimme: »Fahr jetzt zum Bäcker, besorge frische, knusprige Brötchen und frühstücke in aller Ruhe mit der Familie. Der Sonntag bietet sich dafür an!« Am Ende dieser inneren Kommunikation steht dann eine Entscheidung.

Kennen Sie solche Selbstgespräche? Wahrscheinlich ja, nur werden uns diese »Gespräche« nicht immer bewusst!

> »Denken ist reden mit sich selbst.«
> *Immanuel Kant*

Oder wie es der griechische Philosoph Plato gesagt hat: »Das Denken ist das Selbstgespräch der Seele.«

Am Beispiel einer Kaufentscheidung für ein Kleidungsstück sei dies noch einmal aufgezeigt. Handelnde Akteure sind:

Stimme A: Innere Stimme, die darauf achtet, dass Sie immer gut gekleidet sind.

Stimme B: Eher »vernünftig« und auf Qualität bedacht. Verhindert, dass Sie übervorteilt werden.

Stimme C: Die rationale Stimme, die darauf achtet, dass Sie nicht zu viel Geld ausgeben.

Sie gehen an einem Schaufenster entlang und sehen ein Kleidungsstück, das Ihnen auf Anhieb sehr gut gefällt.

Stimme A: Das sieht gut aus, das gefällt mir. Ganz besonders diese Farben, so etwas habe ich schon lange gesucht!

Stimme B: Nun mal langsam, erst mal ins Geschäft gehen. Ich sollte mir das Material genauer ansehen. Dann kann man erst beurteilen, ob der Preis gerechtfertigt ist.

Stimme C: Eigentlich spielt das überhaupt keine Rolle, 190 Euro sind einfach zu viel in diesem Monat. Das Girokonto ist sowieso schon überzogen!

Stimme A: Na ja, ist schon eine Menge Geld. Ich könnte ja dafür zur Not noch Geld vom Sparbuch abheben. So etwas Tolles finde ich so schnell nicht mehr.

Stimme C: Wenn ich jetzt Geld abhebe, bekomme ich die geplante Urlaubsreise nie zusammen. Und überhaupt, was passiert, falls ich unplanmäßig einmal mehr Geld brauche? Dann fehlt es mir!

Stimme B: Ich sollte erst mal ins Geschäft gehen und mir das Material anschauen. Vielleicht kaufe ich dann doch nicht.

Stimme A: Gute Idee!

Ein Konsens ist da und man hat die Entscheidung getroffen, zumindest das Geschäft zu betreten und das Kleidungsstück zu begutachten. Dann im Geschäft:

Stimme A: Toll, das sieht sogar noch besser aus als im Schaufenster. Und erst der Stoff, wirklich klasse. Ich probiere am besten gleich einmal an!

Stimme B: Das Ganze ist auch hervorragend verarbeitet und ich kann es auch noch selbst waschen.

Stimme A: Unglaublich, passt wie angegossen. Dass ist eine einmalige Chance, so etwas finde ich so schnell nicht mehr.

Stimme C: (war nicht mehr zu hören!)

Stimme A: Gekauft!

Und mit dem guten Gefühl, ein Schnäppchen gemacht zu haben, eilt man zur Kasse!

Häufig hören wir in uns bestimmte Stimmen, die Vorgänge um uns herum kommentieren. Wenn wir z. B. mit dem Auto unterwegs sind und es eilig haben, kann folgender Monolog entstehen:

- Wieso fährt denn der vor mir so langsam?
- Wenn der so weiterfährt, stehen wir an der nächsten Ampel.
- Das war klar, so musste es ja kommen, jetzt stehen wir.

Nach kurzer Weiterfahrt:

- Was sucht der denn nun?
- Das ist doch nicht zu glauben, der wird ja immer langsamer. Ich kann doch hier nicht überholen.
- Gib doch endlich Gas!
- Unglaublich, wie manche Leute Auto fahren.

Zum Schluss folgt irgendein Klischee oder es wird über das Autokennzeichen gelästert:

- Ist ja typisch … die fahren alle genauso wie der.

So oder ähnlich geht es uns immer wieder. Einige Menschen »hören« diese innere Kommunikation. Bei anderen laufen diese »Gespräche« eher im Hintergrund ab und sie sind sich dessen kaum bewusst. Falls das für Sie zutrifft, sollten Sie sich diese »Konversationen« wieder bewusst machen. Achten Sie in Zukunft häufiger darauf, wie sich z. B. Ihre Entscheidungen bilden. Fast immer kommen diese durch innere Gespräche zustande. Das gilt besonders dann, wenn wir in einer völlig neuen Situation stehen. Ansonsten könnte man ja auf Erfahrungswerte zurückgreifen. Aber selbst in einer bekannten Situation sind Stimmen zu hören, die uns in der Richtigkeit unseres Tuns bestätigen, unsere Handlungen also forcieren.

Hören Sie also immer wieder in sich hinein und Sie werden feststellen, dass diese Kommunikation auch bei Ihnen allgegenwärtig ist. Diese »Stimmen«, die dort zu hören sind, sind letztlich alle Erfahrungen, die Sie im Leben gemacht haben, und wie schon gesagt unsere Glaubenssätze. Aus diesem riesigen Erfahrungsschatz und aus Überzeugungen setzen sich unsere heutigen Entscheidungen zusammen.

Falls Sie dieses Thema vertiefen möchten, empfehle ich Ihnen das Buch von Friedemann Schulz von Thun: *Miteinander reden, Band 3: Das innere Team und situationsgerechte Kommunikation*; rororo 2000.

Die Nutzung ungünstiger Sprache hat für die innere Kommunikation und damit das Selbstmanagement fatale Folgen. Die Sprache, die in der inneren Kommunikation genutzt wird, ist exakt die gleiche wie in Gesprächen mit unseren Mitmenschen. Die Identität beider Systeme erkennt man auch daran, dass man bei längerem Aufenthalt in einem fremdsprachigen Land nach einiger Zeit auch in der anderen Sprache denkt – selbstverständlich nur, falls man diese Sprache auch gut beherrscht. Im Gehirn werden die äußere und die innere Sprache im selben Zentrum gebildet. Die Gehirnregion, die für die Sprachbildung zuständig ist, nennt man »Broca-Zentrum«. Es wird also ein gemeinsames Sprachzentrum genutzt.

Wenn Sie also in der inneren Kommunikation eher ungünstig »reden«, hat das die gleichen fatalen Folgen wie bei der Sprache nach außen. Sie schauen aus dem Fenster und sagen sich: »Es regnet heute nicht.« Oder günstig formuliert: »Super, es ist heute trocken.« Beide Aussagen lassen unterschiedliche Emotionen/Gefühle und Sichtweisen entstehen, denn »nicht regnen« bedeutet zunächst einmal relativ wenig. »Heute trocken« eröffnet dagegen ganz andere Perspektiven: Ich könnte draußen Sport treiben, wir können spazieren gehen oder ich kann mit meinem Kind zum Spielplatz etc. Falls Sie Ihren Gefühlen bei den Bildern nachspüren, werden Sie deutliche emotionale Unterschiede in beiden Aussagen spüren.

Vor einer schwierigen Situation gibt man sich häufig die innere Anweisung: »Ich mache mir jetzt keinen Stress!« Das soll selbstverständlich helfen, ruhig zu bleiben. Zielgerichteter und erfolgreicher wird der gute Vorsatz mit den Worten: »Ich gehe ruhig und gelassen mit dieser Situation um!«

Bitte testen Sie diese beiden Aussagen, um den Erfolg zu prüfen. Sprechen Sie diese Sätze mit geschlossenen Augen, laut und deutlich. Ich bin ganz sicher, bei der zweiten Aussage wird Ihre Stimme ruhiger und entspannter werden. Ihr Blutdruck und Ihre Pulsfrequenz werden dabei sogar leicht sinken. Dies ist eine klare Folge der Emotionen, mit denen diese Worte verbunden (repräsentiert) sind.

Stehen Sie einmal vor einer Herausforderung, kann es sehr hilfreich sein, den zweiten Satz immer wieder innerlich »auszusprechen«!

Stresssituationen werden sehr häufig mit der inneren Anweisung angegangen: »Ich darf mir jetzt keine Blöße geben.« Diese Ermunterung besteht also bildlich oder gefühlsmäßig darin, sich eine »Blöße zu geben«. Das scheint wenig zweckmäßig zu sein. Sie sollten sich vor einer solchen Situation die Anweisung geben: »Ich werde erfolgreich sein.« Dieser Hinweis ist zielgerichtet und positiv, denn Erfolg hat ganz sicher günstigere Repräsentationen. Eine Direktive dieser Art kann sehr wirkungsvoll sein!

Eine typische innere Kommunikation, die Mut machen soll, lautet: »Das macht mir keine größeren Ängste.« Mit dieser ungünstigen inneren Botschaft werden Sie Ihr Unterbewusstsein kaum von Angst ablenken können. Wie schon gesagt, es arbeitet relativ autark und Sie haben soeben auf Angst aufmerksam gemacht! Allemal sinnvoller ist eine positive Botschaft, wie z. B.: »Ich bleibe locker und entspannt!«

Häufig gibt man sich nach einer erfolgreich abgeschlossenen Aktion selbst die Botschaft: »Das war gar nicht so schwer.« Diese Botschaft wird kaum den inneren Zustand verbessern können, denn auf eine besonders geglückte Aktion wird sie nicht aufmerksam machen. Ein günstigere innere Kommunikation wäre in diesem Fall: »Das habe ich richtig gut hinbekommen.« Mit diesem Gedanken steht die gute eigene Leistung im Vordergrund. Das wiederum schafft Selbstvertrauen für die nächste Herausforderung!

»Ich muss jetzt damit aufhören«, ist ein häufig genutzter »Ausspruch«, wenn man das eigene Verhalten verändern möchte. Dieser Auftrag ist völlig ungezielt. Effektiver wird der Vorsatz durch eine gezielte innere Anweisung: »Ich werde jetzt xy machen.«

> Wer ständig unbewusst negativ denkt, bekommt sehr schnell eine pessimistische Grundhaltung.

Negatives Denken hat inneren Stress zur Folge. Die körperlichen Resultate negativen Denkens sind daher exakt die gleichen wie die Folgen von Stress:

- Der Blutdruck steigt
- Magenprobleme treten auf
- Die Verdauung kann beeinträchtigt werden
- Unregelmäßiger Herzschlag ist möglich
- Verspannungen (besonders im Hals und Schulterbereich), dadurch auch
- Kopfschmerzen
- Müdigkeit
- Nervosität
- Schlechter Schlaf
- Schlechte Laune

In diesem Kapitel haben wir festgestellt, dass es eine innere Kommunikation gibt und dass diese sehr viel Ähnlichkeit mit der Sprache hat, die wir nach außen nutzen. Letztlich bedeutet das auch, dass die Sprache, mit der wir kommunizieren, ein Spiegelbild unserer Denkprozesse ist.

Die Sprache ist ein Modell unseres Denkens.

Was kann man tun, um den eigenen inneren Sprachgebrauch zu verbessern? Antworten darauf finden Sie später im Kapitel *Effektive Selbstgespräche*.

Zunächst jedoch benötigen wie noch weitere Beweise, dass die Sprache im Inneren und nach außen Auswirkungen auf Emotionen und Gefühle hat. Die Frage ist also: Liegen Sprache, Handlung und Gefühle wirklich so nahe beieinander?

Spiegelneurone

Warum müssen Sie unwillkürlich gähnen, wenn Ihr Gegenüber dies tut? Warum ist Lachen so ansteckend? Weshalb verspüren wir ein Unbehagen, wenn wir ein Bild sehen, auf dem eine verletzte Person dargestellt ist?

Auf diese Fragen gibt es seit einigen Jahren eine wissenschaftliche Antwort: Ein System von Spiegelnervenzellen in unserem Gehirn löst diese Reaktionen bei uns aus. Dieses wird immer dann aktiv, wenn:

- andere Menschen eine Aktion oder Handlung durchführen,
- wir selbst Handlungen ausführen
- und sogar dann, wenn wir uns eigene Handlungen nur vorstellen.

Dieses System »spielt« also Aktionen unserer Mitmenschen intern nach. Und es tut dies auch dann, wenn wir selbst diese Aktionen gar nicht ausüben. Aufgrund der eigenen Erfahrungen vervollständigt es den weiteren Fortgang der Aktion, selbst wenn diese noch nicht erfolgt ist. Es antizipiert also, wie sich die Handlungen anderer weiter fortsetzen werden. Spiegelneuronen helfen uns so z. B. in belebten Fußgängerzonen, anderen Menschen auszuweichen. Dies wird auch als »Nachahmer-Effekt« bezeichnet. Spiegelneuronen informieren uns also über die nach unserer Erfahrung nächste zu erwartende Aktion.

Es ist somit sehr wahrscheinlich, dass dieses neuronale System Empathie, Mitgefühl oder Intuition überhaupt erst möglich macht. Nur so können wir intuitiv verstehen und fühlen, was in anderen Menschen vorgeht, da wir diesen Vorgang selbst internal abbilden. Menschen mit geringer Empathie sind dazu kaum oder gar nicht in der Lage. Gestützt wird diese Theorie durch die Erkenntnis, dass die für diese Spiegelsysteme zuständigen Gehirnareale bei Autisten so gut wie gar nicht aktiviert werden. Von Autisten ist bekannt, dass es für sie sehr schwierig ist, Empathie zu entwickeln.

Die italienischen Wissenschaftler Giacomo Rizzolatti, Leonardo Fogasse und Vittorio Gallese von der Universität Parma beschäftigten sich 1991 mit Netzwerken von Nervenzellen bei Affen in der »Gehirnregion F5«. Sie hatten bestimmte Nervenzellen im sogenannten prämotorischen Kortex des Gehirns mit Messfühlern versehen. Dieser Gehirnbereich ist dafür zuständig, bestimmte Bewegungsaktionen der Tiere zu steuern. Bei einem Experiment hatte man diejenigen Neuronen »verkabelt«, die feuern, also aktiv sind, wenn das Tier nach einer Nuss greift. Zufällig beobachteten die Wissenschaftler, dass diese Nervenzellen genauso aktiv wurden, wenn das Tier die gleiche Aktion bei einem Artgenossen nur beobachtete.

Ging man zuerst von einem Zufall aus, zeigte sich jedoch sehr schnell, dass die Nervenzellen gezielt reagierten. Spiegelnervenzellen aktivieren jeweils jene Neuronen, die für die Durchführung einer Aktion zuständig wären. Diese Information führt zu einer stillen Mit-Aktivierung dieser motorischen Nervenzellen.

Später verbargen die Wissenschaftler sogar die Aktion des Affen, der nach der Nuss griff, indem sie die Nuss hinter einem Schirm verschwinden ließen. Der beobachtende Affe sah also nur den Arm des anderen, der hinter den Schirm griff. Er konnte aufgrund seiner Erfahrung vermuten, dass dort eine Nuss lag. Also feuerten die Neuronen des beobachtenden Affen in gleicher Weise wie bei der direkten Sicht auf die Handlung. Sogar das Knacken von Nussschalen in völliger Dunkelheit aktivierte die Spiegelnervenzellen. »Diese Daten zeigen, dass der Impuls im Kopf auch dann aktiv ist, wenn wir glauben, dass eine Handlung stattfindet«, kommentierte dies Giacomo Rizzolatti in der amerikanischen Zeitung »Dallas Morning News«.

Mittlerweile sind diese Zellsysteme ebenfalls bei Menschen sehr genau beschrieben, z. B. durch Versuche, die der Psychologe Marcel Braß vom Max-Planck-Institut in München durchführte (»Science« 1999, Vol. 286, S. 2526–8). Auch der kanadische Neurophysiologe William Hutchinson entdeckte schon 1999 bei einer Patientin diese Zellnetze.

Neuere Untersuchungen zeigen exakt, dass z. B. Schmerzzentren in unserem Gehirn dann aktiviert werden, wenn wir Schmerz bei anderen nur beobachten. Dies bedeutet nichts anderes, als dass wir Nervenzellen für Mitgefühl und Empathie haben.

Von Babys ist bekannt, dass sie versuchen, Aktionen der Eltern zu imitieren. Lächeln die Eltern, lächeln sie auch. Sprechen die Eltern das Kind an, brabbelt es mit. Kinder haben also von Beginn an die Fähigkeit, Handlungen über Spiegelneuronen nachzubilden. Diese bleibt ein Leben lang erhalten. Auch Erwachsene kopieren ständig ihre Mitmenschen. Immer wieder ist zu beobachten, dass Erwachsene die Körper- bzw. Sitzhaltung ihrer Gesprächspartner einnehmen. Das tun sie zumindest so lange, wie ihnen die Gesprächspartner sympathisch sind. Spaziergänger versuchen, den Gangrhythmus anderer zu kopieren. Empathische Menschen stellen sich auf die Sprechgeschwindigkeit oder die Lautstärke ihrer Gesprächspartner ein.

Diese Vorgänge erfolgen weitgehend intuitiv, also ohne gezieltes Nachdenken. Schon immer nennt die Psychologie diese Vorgänge »spiegeln«. Spiegelnervenzellen machen es uns möglich, unsere Umwelt zu verstehen. Giacomo Rizzolatti erklärt dazu in einem Interview: »Wenn ich ein Mädchen einen Apfel essen sehe, verstehe ich, was es tut, weil automatisch ein gleicher Impuls in meinem Kopf entsteht.« Und der Trompetenspieler muss sein Trompetenspiel unterbrechen, wenn jemand in seiner Nähe in eine Zitrone beißt. Sein Speichelfluss macht es ihm unmöglich, sein Instrument weiter zu spielen!

Kommen wir zum Thema des Buches zurück und auf den Zusammenhang mit den Spiegelneuronen. Der Autor des Buches *Warum ich fühle, was du fühlst*, Prof.

Joachim Bauer, schreibt: »Spiegelneurone wurden mittlerweile in allen Zentren des Gehirns gefunden, in denen Erleben und Verhalten gesteuert wird.«

Es ist also ziemlich sicher, dass sich über Spiegelneurone z. B. ein Gespräch zwischen Menschen – in beiden Gehirnen – gegenseitig abbildet. Es ist ebenfalls sehr wahrscheinlich, dass die Worte eines Redners oder eines Nachrichtensprechers neuronal nachgebildet werden. Wir denken die Worte und Sätze anderer Menschen mit. Das wird auch dann deutlich, wenn es bei der Wortwahl bzw. Wortsuche des Sprechers einmal hapert. Häufig haben wir das fehlende Wort schon auf der Zunge und sprechen es für den Wortsuchenden aus.

Dieses Mitdenken geschieht mit allen Konsequenzen in den Denkvorgängen des Zuhörers. Das bedeutet, dass auch beim Zuhörer unter Umständen vorhandene Repräsentationen aktiviert werden.

Es ist von Bedeutung, dass die Spiegelnervensysteme des Menschen sich im oder in der Nähe des Broca-Areals befinden. Noch einmal zur Erinnerung: Das Broca-Areal ist eine der zentralen Regionen für die Sprachbildung. Worte und Handlungen gehören zusammen. Professor Joachim Bauer in *Warum ich fühle, was du fühlst*: »Im Gehirn befinden sich die Nervenzellnetze, die für die Sprachproduktion zuständig sind, an gleicher Stelle wie die Spiegelneurone des die Bewegung steuernden Systems. Es ist nicht ausgeschlossen, dass sie teilweise identisch sind.«

Ich möchte dies nur etwas anders formulieren: Es ist also *sehr gut möglich*, dass sie teilweise identisch sind.

Professor Bauer folgert weiter, dass sich die Sprache während der Entwicklung der Menschen aus dem motorischen System überhaupt erst entwickelt hat. Sprache hat sich also zu Beginn aus Handlungsvorstellungen entwickelt. Das zeigt sich heute noch darin, dass viele Menschen beim Sprechen gestikulieren. Die Hände und der gesamte Körper sprechen mit. Selbst beim Telefonieren, also dem Fehlen eines direkten Ansprechpartners, ist dies häufig zu beobachten, obwohl sich der Sprecher bewusst sein müsste, dass man ihn nicht sieht.

Die Zuhörer eines Vortrages bevorzugen einen Redner, der seine Worte durch Körper- und Handbewegungen unterstreicht. Das ist für die Zuhörer ansprechender als jemandem zu lauschen, der stocksteif seine Botschaft verkündet. Als wirklich angenehm empfunden werden Vortragende, die authentisch und überzeugend ihre Gestik und Mimik einsetzen. Wahrscheinlich deshalb, weil die Zuhörer übertriebene oder nicht passende Bewegungen durch ihr eigenes Spiegelsystem als unpassend entlarven. Es stellt sich dann beim Zuhörer sogleich ein schlechtes Gefühl ein.

Wenn demnach Sprache, Handlung und Gefühle so nahe beieinanderliegen, kann es nur absolut kontraproduktiv sein, negativ zu denken bzw. ungünstige innere Dialoge zu führen. Professor Bauer bestätigt dies in seinen Schilderungen von Versuchen, die gezeigt haben, »dass Personen bestimmte Handlungen deutlich schlechter gelingen, wenn ihnen verbal eine entgegengesetzte Botschaft vermittelt wird«. Er schildert z. B. eine Handlung, die Versuchspersonen über Kopf ausführen mussten. Befand sich dabei über ihnen ein Schild mit der Aufschrift »unten«, gelang ihnen das deutlich schlechter!

Nervennetze, die Handlungsvorstellungen verarbeiten, stehen in enger Verknüpfung mit Nervennetzen, die für Repräsentationen oder Vorstellungen von Empfindungen zuständig sind. Bei der Aktivierung von Repräsentationen bzw. Handlungsvorstellungen werden die dazugehörigen Emotionen oder Empfindungen im sogenannten Wernicke-Zentrum verarbeitet. Handlungsvorstellungen können also aufgebaut werden, wenn man die entsprechenden Worte hört oder einen entsprechenden inneren Dialog führt. Damit ist eindeutig geklärt, dass durch Sprache Spiegelphänomene auszulösen sind. Ungünstiger Sprachgebrauch löst zwangsläufig auch ungünstige Handlungsvorstellungen oder Körperempfindungen aus.

Ich denke, dieses relativ neue wissenschaftliche Kapitel der Spiegelnervenzellen unterstützt mein Plädoyer für einen gezielten und effektiven Sprachgebrauch!

Zum Abschluss dieses Kapitels ein Kommentar von Professor Vilayanur Ramachandran. Er ist Neurowissenschaftler und Direktor des Forschungszentrums für Kognition und Gehirn an der Universität von Kalifornien. »Ich sage voraus, dass die Entdeckung der Spiegelneuronen für die Psychologie so bahnbrechend sein wird, wie es die Entdeckung der Struktur der DNA für die Genetik war: Sie wird ein einheitliches Rahmenprogramm hervorbringen, das dazu beitragen wird, ein ganzes Spektrum von mentalen Fähigkeiten zu erklären, die bisher mysteriös und Experimenten unzugänglich geblieben sind.«

Werbebotschaften

Nach so viel Grundlagenwissen und Wissenschaft nun wieder ein Kapitel mit Sprachbeispielen, wie wir sie tagtäglich immer wieder erleben.

Es sollte selbstverständlich sein, dass sich Werbeprofis in Agenturen und großen Unternehmen mit dem Thema Sprache besonders intensiv auseinandersetzen. Das ist jedoch leider nicht immer der Fall. Besonders im PR-Bereich finden sich sprachliche Stilblüten, die genau das Gegenteil von dem bewirken, was man mit großem Aufwand in Werbemaßnahmen erreichen möchte. Ich will Ihnen an Beispielen aufzeigen, wie wenig die Werbebranche die Wirkung von Sprache in Werbebotschaften beachtet.

In einem großen Supermarkt in meinem Wohnort gibt es jedes Jahr im Herbst eine Aktion für Herbstbekleidung. Diese wird in den Verkaufsräumen plakatiert: »Wir lassen Sie nicht im Regen stehen.« Könnte man das nicht zielgerichteter kommunizieren? Etwa: »Wir ziehen Sie warm/trocken an.«

Am Flughafen Hamburg entdeckte ich das Werbebanner eines IT-Unternehmens auf der Suche nach EDV-Programmierern. Der Text: »Wenn nichts mehr geht, wird es Zeit, die Richtung zu ändern.« Insbesondere im beruflichen Umfeld sehe ich das völlig anders. Ich denke, man sollte die Richtung ändern, lange bevor nichts mehr geht! Wie wäre es daher mit folgendem Spruch: »Frühzeitig berufliche Chancen erkennen!« Die Kürze des Textes erhöht die Chance, dass er erkannt und verarbeitet wird.

Wer mit offenen Augen und Ohren auf solche ungünstigen Formulierungen achtet, wird tagtäglich fündig: Etwa beim Slogan der Firma Toyota: »Nichts ist unmöglich.« Ob sich die Damen und Herren der PR-Abteilung darüber im Klaren sind, was sie unter Umständen damit unbewusst verankern?

IKEA dagegen hatte vor längerer Zeit einen genialen Slogan: »Alles ist möglich!« Ein wirklich findiger und zielgerichteter Ausspruch. Leider ließ die Firma dieses Motto schon vor Jahren fallen. Heute nutzt sie eine Aussage, die sehr schwer zu erfassen ist. Werbesprüche, insbesondere bei der Imagewerbung, sollten immer **kurz, knapp und emotional ansprechend** sein. Die Mitbewerber von IKEA machen sich zum Teil sogar über den neuen Spruch lustig und verdrehen diesen: »Wohnst du schon oder schraubst du noch?« Übrigens lautet der Originalslogan: »Lebst du schon oder wohnst du noch?« Oder war es nicht doch umgekehrt? Tja, so kann's gehen! Auch sollten diese Sprüche nicht zu oft wechseln, wie z. B. bei Ford oder Opel. Dann ist der Erinnerungs- und Identifizierungswert sehr schnell bei null!

Einen sehr wirkungsvollen, kurzen und emotional ansprechenden Slogan dagegen hat BMW zu bieten: »BMW – aus Freude am Fahren!« Dieser Slogan spricht genau die Zielgruppe an – nämlich die Menschen, die gerne Auto fahren und das Fahrzeug nicht nur als Gebrauchsgegenstand sehen. Eigenartigerweise stammt dieser Spruch aus den 60er-Jahren, ist also schon ca. vierzig Jahre alt. BMW »vergaß« ihn jedoch zwischenzeitlich für gut dreißig Jahre. Ich kann mich noch sehr lebhaft an meine ersten Erlebnisse mit Fernsehwerbung erinnern. Es war ein Werbespot, der mich damals sehr angesprochen hat, sonst würde ich mich heute, nach vierzig Jahren, nicht mehr so genau daran erinnern: Ein damals aktuelles BMW-Modell (der 2002er, seinerzeit der Traum eines Vierzehnjährigen!) fährt Bergserpentinen hinab und wird dabei aus einiger Entfernung gefilmt. Ohne Kommentar, nur ein Saxophon-Musikstück begleitet das Ganze (Dave Brubeck: »Take five«). Genial! Nach ca. 20 Sekunden Fahrt dann der Kommentar eines Sprechers im Hintergrund: »BMW – aus Freude am Fahren!« Nicht mehr und nicht weniger!

Das sind Bilder, Klänge und besonders Emotionen, die intensiv abgespeichert werden. Ich denke, so muss Werbung sein, wenn sie wirkungsvoll sein soll: zielgruppenorientiert, emotional und vor allen Dingen KISS – keep it simple and short.

Zwei ältere, gelungene Beispiele dazu sind der »Uralt-Spruch« von Volkswagen: »Und läuft und läuft und läuft …« Mit diesem Spruch hat VW den Käfer auf die Erfolgsstraße gebracht. Oder auch: »Jacobs Kaffee – wunderbar.« Das war dann auch der Leitspruch für die Kaffeetafel der 60er-Jahre.

Ein weiterer gelungener Werbespruch aus dieser Zeit: »Persil, da weiß man was man hat.«

Die Öko-Test Verlags GmbH wirbt mit dem Slogan »Richtig gut leben«. Gut, denn jeder möchte das! Wie würde denn »Öko-Test – nicht schlecht leben« klingen?

Ein genialer Werbespruch, den die Schuhkette Deichmann nutzt: »Gutes Geschäft, Deichmann«. Besser geht's nicht. Gutes Geschäft (Service), gutes Geschäft (Kauf) für den Kunden, einfach gut. Und »Deichmann, kein schlechtes Geschäft« wär's ja nun wirklich nicht!

An einem Möbelhaus entdeckte ich ein riesengroßes Plakat. Darauf war eine junge, attraktive Frau zu sehen, die es sich auf einem Liege- oder Fernsehsessel bequem gemacht hatte. Daneben stand »Stressless Living« und darunter »entdecke das Original«. Die zweite Hälfte des Spruches ist richtig gut. Der erste Teil jedoch enthält den Namen des Sessels: »Stressless«. Nicht nur, dass das (negativ besetzte) Wort »Stress« vorkommt, der Rest ist auch noch in Englisch. Was, wenn nun der aufmerksame Betrachter gar kein Englisch spricht? Was bleibt dann übrig? Wenn es denn schon Englisch sein soll, dann doch besser »Relax«. Das ist auch für deutsche Augen und Ohren angenehmer!

Ein anderes Möbelhaus wirbt mit dem Spruch: »Höffner, wo Wohnen wenig kostet«. Erfolgversprechender wird die Werbung jedoch mit dieser Aussage: »Höffner, günstig wohnen«. Oder: »Höffner, gut und günstig«. Worte wie »Kosten« oder »kostet« sollten in keiner Werbebotschaft auftauchen. Sie sind immer ungünstig belegt. Kosten bedeuten zunächst einmal: Ich zahle und bekomme nichts dafür, ich habe also Kosten. Falls Sie einem Kunden einen Preis kommunizieren wollen, nennen Sie die Sache doch »Investition«. Dieses Wort ist günstig belegt, denn es deutet darauf hin, dass man schließlich einen Gegenwert erhält.

Ein Reiseveranstalter schaltet einen Radiospot. Darin erklärt er: »Es ist nie zu früh, an Urlaub zu denken.« Wie kommt der Spruch etwas anders formuliert an: »Es lohnt, jetzt schon an den nächsten Urlaub zu denken«?

Eine Friseurkette nennt sich »Hairkiller«. Würden Sie dort Ihre Frisur in Ordnung bringen lassen? Besser nicht, ich habe schon zu viele verunglückte Dauerwellen gesehen!

Eine Jobbörse im Internet nennt sind »Monster«. Zugegeben, sie ist erfolgreich. Ich denke, ihr Erfolg wäre mit einem positiv besetzten Namen deutlich größer. Wer ist schon gerne ein Monster? »Kommen Sie zu uns, wenn Sie ein Monster sind.«

Auch die Botschaften vieler Werbeslogans sind selten zielgerichtet:

- ■ »Verlieren Sie keine Zeit« ist wenig hilfreich. Er wird häufig dann eingesetzt, wenn man durch rasches Handeln Zeit und Geld sparen kann. Effizienter wird die Aufforderung, etwas zu tun, mit dem Satz: »Gewinnen Sie Zeit und Geld und tun Sie es jetzt!«

- ■ Eine weitere Aufforderung: »Geben Sie sich nicht mit weniger zufrieden!« Im Hinblick auf das Ergebnis ist diese Aufforderung erfolgreicher: »Erwarten Sie immer xy im Angebot!«

- ■ »Da bleibt kein Wunsch offen« kann auch zielgerichteter formuliert werden: »Da werden sämtliche Wünsche erfüllt!«

- ■ Ein Hersteller von Schmerzmitteln wirbt im Fernsehen: »Lassen Sie sich von Kopfschmerzen nicht aufhalten.«

- ■ Eine auffordernde Werbebotschaft im Radio: »Was Sie nicht verpassen sollten…« Verpassen, wieso verpassen? Ich soll doch anscheinend etwas schnellstens erwerben! »Was Sie unbedingt machen sollten …«, ist eine gelungenere Aufforderung. Obwohl man das »sollten« auch noch einmal hinterfragen könnte.

- ■ Die zentrale Botschaft eines Baumarktes in einem Radiospot: »Unsere Verkäufer versuchen immer kompetent zu beraten.« Wenn diese das nur versuchen, können sie es gleich bleiben lassen. Ich erwarte selbstverständlich einen Verkäufer, der kompetent berät und das nicht nur versucht.

Ein Organisationshinweis, der ständig am Berliner Flughafen Tegel zu hören ist: »Passagier XY, bitte bemühen Sie sich zum Ausgang B.« Na, ob das eine Mühe ist? So schlecht geht es mir ja auch noch nicht! Einfacher formuliert: »Bitte kommen Sie zum Ausgang B.«

Ein anderes Beispiel, wie man es nicht machen sollte, habe ich in einer Arztpraxis gefunden. Eine Patientenbroschüre, die im Wartezimmer auslag, richtete sich an Kinder, die an Asthma leiden. Ihr Titel: »Keine Angst vor Asthma«.

Wer sagt denn dem Verfasser, dass das Kind, das die Broschüre erhält, überhaupt Angst vor Asthma hat? Durch das Lesen des Broschürentitels wird es jedoch ganz sicher mit Angst konfrontiert. Über die dazugehörigen Repräsentationen aus dem bildhaften oder dem Gefühlsbereich kann man natürlich nur spekulieren. Sinnvoller wäre der Titel: »Mit Asthma gut leben«.

  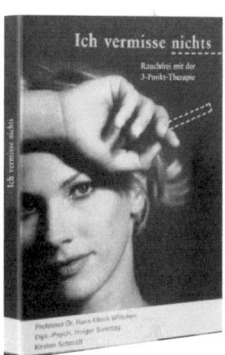

Im selben Wartezimmer fand ich noch eine Broschüre, die sich an depressive Patienten richtet und diesen Menschen wahrscheinlich Mut machen soll. Der Titel: »Das Leben ist nicht freudlos.«

Ja, das Wort »freudlos« wirft man dem Depressiven hin. Ist das nicht unglaublich? Man toppt das Ganze dann noch mit einem Untertitel bzw. einer Internetadresse: www.denkepositiv.com. Das ist nun wirklich der absolute Hohn! Es lebe die Marketing- bzw. PR-Abteilung dieses Unternehmens.

Übrigens, haben Sie jetzt einen alternativen Titel für die Broschüre im Kopf? Na sicher, mittlerweile sind Ihre Neuronen schon dabei, sich umzuprogrammieren und zielgerichteter aufzustellen!

Nach weiteren kommunikativen Querschlägern brauchte ich nicht lange zu suchen. Ich fand eine Broschüre, die ein Professor verfasst hatte:

Diese Schrift soll Menschen helfen, ihre Nikotinsucht zu bekämpfen. Abgebildet ist eine junge, gut aussehende Frau, die eben keinen Glimmstängel in der Hand hat. Ihr Ausspruch, zugleich Titel der Broschüre: »Ich vermisse nichts!« Da ist also vom Vermissen die Rede, wenn ich mir etwas abgewöhnen soll. – Das wird schwierig, denke ich. Wenn ich solch ein schwieriges Suchthema angehen möchte, muss ich mir erst einmal darüber klar werden, dass es an jedem Tag für Raucher zumindest einige Zigaretten gibt, die nicht nur pure Sucht, sondern auch Genuss sind. Nikotin ist ja leider ein Genussgift. Folglich erleidet der Raucher bereits in dem Moment einen Verlust, in dem er sich entscheidet, mit dem Rauchen aufzuhören. Ich kann ihn doch nicht mit der Aussicht des »Vermissens« motivieren, indem ich genau darüber rede!

Mir ist klar, dass jede Suchtentwöhnung ein sehr schwieriges Kapitel darstellt. Es wäre jedoch hilfreich, z. B. die Dame auf der Broschüre sagen zu lassen: »Ich hab's geschafft!« Oder: »Ohne Rauch – ich fühl' mich klasse!« Vor mir aus noch: »Ohne Rauch geht's auch.«

Will man jemanden vom Nikotin abbringen, macht es wenig Sinn, die alte Leier aufzulegen: »Sie müssen mit dem Rauchen aufhören!« Das Wort »müssen« haben wir ja bereits besprochen. Mit dem Rauchen aufzuhören ist ja für den Raucher nicht unbedingt positiv belegt. Wie gesagt, ein paar Glimmstängel am Tag schmecken mit Sicherheit. Warum soll ich als Raucher darauf verzichten?

Eine zielgerichtetere und gefühlsmäßig deutlich günstigere Alternative wäre: »Befreien Sie sich vom Nikotin!« Mir ist bewusst, dass damit kein spontaner Nikotinverzicht zu erreichen ist. So einfach ist das mit einer Sucht nun einmal nicht. Jedoch kann diese Aufforderung, sich von etwas zu befreien, positiv wirken. Das Wort Befreiung ist normalerweise mit einer angenehmen Repräsentation belegt, weil es bedeutet, etwas Unangenehmes loszuwerden. Und dass er süchtig und Sklave des Nikotins ist, weiß jeder Raucher ziemlich genau.

Vor einiger Zeit, fuhr ich hinter einem Lkw eines Paketdienstes her. Auf der Hecktür entdeckte ich einen Werbespruch:

> SIE MÜSSEN MICH NICHT VERFOLGEN!
> ES GIBT 13 000 PAKETSHOPS,
> AUCH IN IHRER NÄHE!

Die Werbemacher haben »versucht« lustig zu sein und wollten so wohl auf den Paketdienst mit seinen 13 000 Filialen aufmerksam machen. Wirklich gelungen ist die Sache jedoch nicht. Der Text ist für die einfache Werbebotschaft viel zu lang. Man muss sich vergegenwärtigen, wer die Botschaft lesen soll. Ein Autofahrer, der lange Zeit hinter dem Lkw fährt? Ja, der liest die Sache wahrscheinlich. Wie ist das mit einigen hundert Autofahrern, die am stehenden oder fahrenden Lkw vorbeifahren? Diese können die Botschaft aufgrund ihres Umfanges gar nicht aufnehmen. Also:

Ziel verfehlt, denn der »Humor« lenkt nur von der wichtigen Botschaft ab und diese ist: »13 000 Paketshops in Ihrer Nähe«. Will man noch einen weiteren Vorteil einbauen, kann man den Spruch abrunden: »13 000 günstige Paketshops in Ihrer Nähe«. Wie gesagt, Werbebotschaften sollten kurz und einfach sein!

Noch etwas sollte jeder PR-Mensch wissen: Die sehr ungünstige und ungewohnte Struktur von Großbuchstaben macht jeden Text deutlich schwerer lesbar.

Übrigens, der Paketdienst hat auch einen sehr pfiffigen Spruch im Repertoire: »Hermes Paketshop, weil's gut ankommt«. Bitte, geht doch!

Ein weiterer ungünstiger »Gag« machte bei Kfz-Werbebeschriftungen lange Zeit die Runde: Man schrieb spiegelverkehrt auf die Front der Fahrzeuge. Der Spaß bewirkte, dass die 99,99 Prozent der entgegenkommenden Fahrzeuginsassen sowie die Fußgänger, die das Fahrzeug passierten, die Aufschrift kaum lesen konnten. 0,01 Prozent der Verkehrsteilnehmer, nämlich die Lenker des davor fahrenden Fahrzeuges, waren jedoch in der Lage, die Schrift über den Rückspiegel zu entziffern. – Welch toller Werbeflop!

Kommen wir noch einmal auf die Großbuchstaben zurück, denn diese Schreibweise hat es wirklich in sich. Kaum jemand macht sich Gedanken darüber, wie schwer man es dem Leser damit macht. Damit Sie einen Eindruck davon bekommen, lesen Sie bitte den folgenden Satz. Ein kleine Aufgabe gebe ich Ihnen noch dazu: Zählen Sie, wie oft der Buchstabe »F« darin vorkommt. Nehmen Sie sich bitte 10 bis 15 Sekunden Zeit. Ich wette, dass Sie die richtige Anzahl nicht ermitteln können, es sei denn, Sie kennen dieses Spiel. (Lösung siehe Fußnote2)

> FINISHED FILES ARE THE RESULT OF YEARS OF
> SCIENTIFIC STUDY COMBINED WITH THE EXPE-
> RIENCE OF YEARS

Was ist passiert? Zunächst einmal habe ich Ihnen die Lösung durch die Verwendung von Großbuchstaben deutlich erschwert. Sie sahen einen regelrechten Einheitsbrei von Buchstaben, der dem Auge kaum Halt und keinen Wiedererkennungswert bietet. Einige haben dann sofort einen alten Glaubenssatz aus der Tasche gezogen, der da lautet: Wenn es schwierig wird, konzentriere dich auf die langen Wörter, denn das sind immer die wichtigen. Kurze Wörter haben weniger Bedeutung. Das Ergebnis dieser Vorgehensweise: Danebengegangen, es waren in diesem Fall die kurzen Wörter, die wichtig waren!

---

2 Nun, wie viele »F« haben Sie gezählt? Es waren sechs. Sie glauben das nicht? Dann gehen Sie noch einmal zurück und zählen von vorn. Richtig, es waren die Buchstaben im Wort »of«, die Sie wahrscheinlich nicht oder nicht alle erkannt haben.

Andererseits haben Sie nach und nach sämtliche Buchstaben angeschaut und ihre Bedeutung für das Ergebnis eingeschätzt. Ihr Unterbewusstsein musste immer wieder erkennen, ob das Symbol ein »F« ist oder nicht. Beim »OF« wurde es dann wirklich kompliziert. Das »O« sticht aus dem Buchstabensalat förmlich heraus, denn es hat eine zweite Bedeutung, besonders wenn es großgeschrieben wird: »Null«. Also deutet Ihr Unterbewusstsein: »null F« oder »kein F«. Es muss also nicht mitgezählt werden. Folglich fehlten Ihnen bis zu drei Buchstaben an der richtigen Lösung. Falls ich Sie gebeten hätte, den Text von hinten zu lesen, wäre dieser Fehler garantiert nicht aufgetreten!

Dass diese Null so aus dem Text heraussticht will ich Ihnen an einem anderen Beispiel zeigen. Wenn wir lesen, laden wir unbewusst eine Buchstabenlandkarte in unseren »Arbeitsspeicher«. Eine Zahl sticht in der Regel deutlich, ohne langes Suchen, aus einer großen Menge von Buchstaben heraus. Schauen Sie sich bitte folgende Buchstabenlandkarte an. Ich habe eine Zahl darin versteckt.

```
KJSGDCOEÜLXDNDSGVCDMCLANYB-
REZEPEÜCÖCÖBCDVTCXNJDBCFCH-
SOWM5YJASXHNSNNXJJMXCTAIK-
CZERTREQNMAÜSMGDTEWNXVT-
FDZUEKWSPSGEQLIREFVDXKDVXNSKULSRJDG-
VXJDEOOEWXAKSGZWIEEPXBSDDIUENDTFW-
PQKDVHUWECEWISMJYGSDJDMBDFNJDKDH
DGAÖGWTAHSNXKEUCIEERCINXVWQMQP
```

War relativ einfach, nicht wahr? Nun noch ein zweiter Beweis, dass man bestimmte Karten lädt und Auffälliges sofort heraussticht. Nun kommt eine Zahlenlandkarte, in der ich einen Buchstaben versteckt habe:

```
283645237201927354342729102982373446389 28
352425367383734526212039837353567820 39484
634256283904236343639310495754548494004
8474643547745950694387316384994476792029
244263985903816323538749 95R3726426829127
35378402029761434638289920397363567383994
596756389769853762
```

Zusammenfassend kann man den Leitern von Werbeabteilungen nur empfehlen, sich mit den Auswirkungen sprachlicher Botschaften intensiver zu beschäftigen!

Sprache verkauft

Besonders im Servicebereich und im Verkauf ist positive, zielgerichtete Sprache ein immenser Wettbewerbsvorteil. Wird Sprache ungünstig genutzt, kann sich das äußerst negativ auf Kundenbeziehungen auswirken. Viele Dienstleistungsbereiche haben dies erkannt und schulen ihre Mitarbeiter. Beispielhaft möchte ich hier das Hotelgewerbe nennen. Mir fällt sehr häufig auf, dass besonders in guten Hotels Zeit und Geld in Trainings investiert wird. Stelle ich als Hotelgast an der Rezeption eine Frage und kann mir diese nicht sofort beantwortet werden, höre ich dort eben nicht das bekannte: »Bevor ich Ihnen etwas Falsches sage …« (Da will mir jemand etwas Falsches sagen.) In guten Hotels ist in diesem Fall ein »Ich erkundige mich für Sie« die Regel. Obwohl die Frage nicht sofort beantwortet wird, ist der Gast mit dieser Antwort zufrieden. Denn die Mitarbeiterin oder der Mitarbeiter stellt mit dieser Antwort den Gast in den Mittelpunkt und nicht sich selbst. Dazu der Unternehmer Claus Wisser:

> »Besonders allergisch reagiere ich, wenn einer meiner Mitarbeiter vom Kunden erwartet, dass dieser Verständnis für seine Probleme hat, statt dass er die Probleme des Kunden löst.«

Hat ein Kunde eine andere Meinung als der Verkäufer oder Dienstleister, macht es wenig Sinn, ihm vorzuschreiben: »So dürfen Sie das nicht sehen.« Niemand sollte einem Kunden vorschreiben, wie er Dinge zu sehen hat. Wir können ihm jedoch eine andere Sicht der Dinge anbieten: »Das kann man auch anders betrachten.« Über ein Angebot kann ich nachdenken. Wenn ich jedoch etwas »nicht darf«, werde ich schon einmal leicht störrisch!

Genauso ist das mit dem Ausspruch: »Da irren Sie sich.« Selbst wenn ich mir sehr sicher bin, dass mein Gegenüber die Dinge etwas unscharf sieht, kann und darf ich ihn nicht mit einer Du-Botschaft ins Unrecht setzen. Das ist ungeschickt, weil ich unter Umständen ein ungünstiges Gesprächsergebnis erhalte. Für mich als Verkäufer eines Produktes oder einer Dienstleistung ist dies logischerweise das Letzte, was ich möchte. Wieder gilt die Devise, dass immer das Ziel des Gespräches im Vordergrund stehen muss. Und es war ursprünglich sicherlich nie und nimmer Ziel des Gespräches, eigenen Frust rauszulassen oder einen Kunden zu beleidigen. Ziel war natürlich ein erfolgreicher Geschäftsabschluss!

In Fällen wie hier beschrieben hilft immer etwas Diplomatie und selbstverständlich eine Ich-Botschaft: »Ich möchte es einmal anders formulieren.« Ähnliches gilt für:

- Das sehen Sie falsch.
- Da haben Sie Unrecht.
- Da täuschen Sie sich.
- Stimmt nicht.
- Das hat mir noch kein Kunde gesagt.
- Sie sollten mir besser zuhören.
- Das sagen Sie, andere sehen das anders.

Besonders beim letztgenannten Ausspruch neigen Kunden dazu, das Gespräch umgehend abzubrechen. Die Konfrontation ist da. Es wird ja überdeutlich kommuniziert, dass die Kunden im Unrecht sind und alle anderen die Sache völlig anders sehen!

Ähnliches gilt für eine Situation, in der der Verkäufer oder Dienstleister meint, dass der Kunde ihm nicht oder nicht richtig zugehört hat: »Das haben Sie nicht richtig verstanden.« Oder noch schlimmer: »Hören Sie mir doch erst einmal richtig zu.« Mit diesen Aussagen unterstellt man dem Kunden Unwissenheit oder gar Dummheit. Besser ist es wieder einmal, eine Ich-Botschaft zu senden: »Ich habe mich unklar ausgedrückt.« Denn für den Erfolg des Gespräches ist es völlig gleichgültig, wer hier ein Verständnisproblem hatte. Dieses Vorgehen:

- vermeidet eine Konfrontation
- nimmt die Gesprächspartner wirklich ernst
- bietet alle Möglichkeiten, die eigenen Argumente anzubringen und ein erfolgreiches Gespräch zu führen

Somit bleibt der Ball trotz Missverständnissen im Spiel.

Einige Unternehmen haben mittlerweile verstanden, dass der Kunde im Mittelpunkt stehen muss, wenn man erfolgreich sein will. Sie bleiben nicht passiv, wenn es gilt, ungünstige Meinungen der Kundschaft über das Unternehmen zu erfahren. Sie wollen unterrichtet werden, wenn das eigene Unternehmen Schwachpunkte hat. Sie bieten den Menschen, die mit der Leistung des Unternehmens nicht zufrieden waren, Möglichkeiten, die Beschwerden anonym weiterzuleiten. Das gibt nicht nur dem Kunden ein gutes Gefühl, sondern bietet auch dem Unternehmen die Chance, Schwachstellen zu erkennen und zu beseitigen. Nur die Form, in der dies geschieht, ist häufig überaus ungeschickt. Da wird ein »Meckerkasten«, »Beschwerdekasten« oder »Kummerkasten« aufgestellt. Was dort hineingelangt, ist schon mit einer Aufschrift vorprogrammiert und abgestempelt worden, nämlich »meckern«, »beschweren« und »Kummer«.
Dass es auch anders geht, habe ich im Hotel von Klaus Kobjoll in Nürnberg erlebt. Im Hotel »Schindlerhof« hängt ebenfalls ein Kasten, in dem Kunden ihre Zufriedenheit dokumentieren können. Die Aufschrift: »Über Anerkennung freuen wir uns. Konstruktive Kritik sichert unsere Zukunft.« Hier lernt das Unternehmen die

eigenen Stärken besser kennen, und sollte Unzufriedenheit da sein, auch berechtigte Kritik. Übrigens, in diesem sehr empfehlenswerten Haus gibt es noch unglaublich viele weitere angenehme und ungewöhnliche Dinge zu entdecken!

Auch der Gebrauch von Konjunktiven ist im Dienstleitungsbereich so eine Sache, denn die Aussagen sind nicht eindeutig. So sagt vielleicht der Servicetechniker im Autohaus: »Man sollte den Ölstand im Motor ab und zu messen.« Was heißt schon »ab und zu«? Und vor allen Dingen »sollte« man ja nur. »Regelmäßige Kontrollen des Ölstandes alle 1000 Kilometer bringen Sicherheit« – das ist eine klare und eindeutige Aussage.

Ein anderes Beispiel: »Vielleicht sollten Sie eine Risikolebensversicherung abschließen.« Die bessere Alternative: »Eine Risikolebensversicherung bringt Ihnen und Ihrer Familie die Sicherheit, die Sie brauchen.«

Das Wort »Sicherheit« ist in einem solchen Zusammenhang ein Zauberwort. Bestimmte Zauberworte hören wir alle gerne. Andere meiden wir dagegen bewusst. Diese sollten in einem Verkaufs- oder Servicekontext tunlichst gemieden werden.

»Wir haben Sie nicht vergessen«, sagt die Assistentin des Arztes zur wartenden Patientin. Stellt sie dagegen den Patienten in den Mittelpunkt, klingt das völlig anders: »Wir haben an Sie gedacht.«

»Wir haben hier das Produkt xy. Das ist nicht teuer«, sagt der Verkäufer. Das kann man auch anders verkaufen: »Wir haben hier das Produkt xy. Das ist richtig günstig.«

Oder: »Ich möchte Ihnen die Sorge nehmen.« Weshalb unterstelle ich dem Käufer, dass er Sorgen hat? Oder, falls mir bekannt ist, dass er welche hat, warum thematisiere ich das? Ich spreche also besser nicht vom »Problem«, sondern von der Lösung: »Damit möchte ich Ihnen Sicherheit geben.«

Wie schon im Kapitel *Werbebotschaften* beschrieben, hat es das Wort »Kosten« in sich. Es suggeriert zunächst einmal, dass ich etwas zahlen muss. Ob ich dafür einen Gegenwert erhalte, steht in den Sternen: »Ich hatte Kosten in Höhe von 1000 Euro!« Spreche ich dagegen von einer Investition, ist jedem sofort klar, dass er einen Gegenwert erhält. Verkäufer sollten also das Wort »Kosten« meiden wie die Pest! Sie haben ja schließlich etwas zu verkaufen, das einen Gegenwert hat: »Sie investieren 1000 Euro und erhalten dafür die Leistung xy.«

Als ich vor kurzer Zeit ein Geldinstitut betrat, fiel mir ein Aufsteller an einem nicht besetzten Schalter ins Auge: »Wir bedienen Sie sehr gerne an den anderen Plätzen.« Klasse, leider sieht man ansonsten: »Schalter zurzeit nicht besetzt«. Das Motto im Servicebereich muss dagegen lauten:

> Sagen Sie dem Kunden, was geht,
> und nicht, was nicht geht!

61

Sagen Sie also nicht, dass Sie keinen Termin frei haben. Kommunizieren Sie, wann Sie Termine frei haben: »Ich kann Ihnen am Dienstag und am Donnerstag einen Termin anbieten.«

Übrigens, teilen Sie niemals jemandem mit, Sie hätten keine Zeit. Es gibt nur eine Art von »Menschen«, die keine Zeit haben: Tote! Nur Tote haben keine Zeit. Wir alle haben Zeit. Die Frage ist lediglich: Wofür setzen wir sie ein?

Ursachenforschung

Viele Menschen pflegen einen eher ungünstigen Umgang mit der Sprache. Bringt das irgendwelche Vorteile mit sich, lebt man so besser? Ich glaube, ich habe überzeugend herausgearbeitet, dass dem nicht so ist. Aber was in aller Welt ist die Ursache für diesen teilweise verworrenen Sprachgebrauch? Ich bin überzeugt davon, dass der wichtigste Grund dafür die Denkweise der Menschen ist. Sprache ist – wie schon festgestellt – nur ein Modell der Denkvorgänge. Sie spiegelt diese eins zu eins wider. Denke ich negativ, spreche ich negativ (innere Kommunikation). Denke ich in Lösungen, spreche ich auch in Lösungen, worüber sonst?

Und jetzt sind wir am Punkt: Denke ich an Probleme, spreche ich auch über Probleme. Beispiel: »Das ist alles kein Problem.« Dagegen: »Das geht schnell und einfach.« Jede dieser Aussagen wird von Denkvorgängen begleitet. Bei der ersten wird man ganz sicher an Probleme denken und feststellen, dass diese lösbar sind. Bei der zweiten Aussage denkt man erst gar nicht an Probleme, sondern stellt innerlich gleich fest, dass die Sache ganz einfach ist.

> Negativer Sprachgebrauch spiegelt negative
> Denkstrukturen!

Die Denkstrukturen der Menschen sind archaisch. Sie stammen noch aus den Urzeiten der Menschheitsgeschichte und haben sich kaum verändert. Seinerzeit fokussierten sich die Menschen eher auf Negatives. Gefahren und Herausforderungen zu bewältigen, war extrem wichtig für das nackte Überleben des Einzelnen und des gesamten Stammesverbandes. Sie erhielten daher zwangsläufig eine besonders hohe Priorität, denn das Überleben wurde jeden Tag immer wieder aufs Neue in Frage gestellt. Es hing davon ab, wie gut man sich vor Gefahren schützen und diese vorausahnen konnte. Und diese Gefahren waren mannigfaltig. Es überlebten nur die Urzeitmenschen, die Gefahren gut vorhersehen und sich und die Familie bzw. den Stammesverband davor schützen konnten. Vor Urzeiten war dies ein sehr erfolgreiches selektives Verfahren der Evolution.

Heute könnte man sich von diesem Denken weitgehend verabschieden. Wilde Tiere und Menschen, die die körperliche Unversehrtheit bedrohen, sind deutlich seltener geworden, sie ist also heute weitgehend gesichert. Außerdem gibt es ausreichend Nahrung und ein warmes, trockenes Wohnumfeld. Das Denken jedoch hat sich kaum verändert. Evolutionär ist dieses Gefahrendenken vielleicht eine günstige Strategie gewesen. Heutzutage ist dieses negative Denken eher kontraproduktiv. Dennoch ist es die Hauptursache für unseren ungünstigen Sprachgebrauch.

Ein passendes Beispiel dazu: Wie klingt der Fußballtrainer, der seiner Mannschaft in der Halbzeitpause bei einem Rückstand verkündet: »Wir dürfen das Spiel nicht verlieren!« Zunächst einmal wird bei dieser Forderung mit Druck gearbeitet: »Wir dürfen nicht«. Bei Druck baut sich – zumeist unbewusst – sehr schnell Gegendruck auf. Druck zu entwickeln ist also eher selten ein kluges Vorgehen. Die Assoziation, das Spiel zu verlieren, baut sich ebenfalls unbewusst auf. Zielgerichteter und effizienterer sind in solch einem Fall Aussagen wie:

- Jungs, ihr habt's drauf, ihr könnt noch gewinnen.
- Ich weiß, ihr werdet das Ding noch herumreißen.
- Wir werden das Spiel gewinnen.
- Wir haben noch alle Möglichkeiten, zu gewinnen.
- Wir können und wir werden gewinnen.

Der Unterschied im Vorgehen zeigt sich in den beiden Begriffen »gewinnen« bzw. »verlieren«. Der Trainer denkt an das Verlieren des Spiels und nicht an das Gewinnen.

Verlassen wir doch zunächst einmal die Ursache des negativen Sprachgebrauchs und schauen dorthin, wo wir bereit sind, positiv zu denken bzw. zu reden. Besonders auffällig ist, dass der Umgang mit Babys noch völlig anders ist. Babys und Kleinkinder werden auffallend oft gelobt und erhalten anerkennende und aufmunternde Kommentare. Ihr Blick ist in dieser Lebensphase ausschließlich auf das Positive gerichtet. Kleinkinder werden gelobt, weil sie sitzen können, die ersten Schritte machen, die ersten Worte sprechen, die Windel überflüssig wird oder sie selbstständig essen und trinken können. Jede kleinste Weiterentwicklung kommentieren die Eltern anerkennend. Niemand sagt: »Kind, das ist nicht schlecht, was du machst.« Nein, bei kleinen Kindern sind wir uns sehr wohl bewusst, dass diese Art der Anerkennung wenig Erfolg hätte. Kinder hören in diesem Lebensabschnitt fast ausschließlich positive und zielgerichtete Kommentare:

- »Das ist ja toll, du hast deine ersten Schwimmzüge ohne Schwimmflügel gemacht.«
- »Super, jetzt klappt das Fahrradfahren sogar ohne Stützräder.«
- »Das ist ja ein tolles Bild, das du da gemalt hast.«
- »Klasse, das waren alle Zahlen von 1 bis 10, und alle in der richtigen Reihenfolge.«

Kinder werden sehr häufig gelobt, weil man unbewusst spürt, dass sie sich so anspornen und zu guten Leistungen motivieren lassen. Aber wieso hört man dann später damit auf? Leider habe ich noch keine gute Antwort auf diese Frage gefunden. Die Wende beginnt meist im Kindergartenalter und ist spätestens mit der Einschulung vollzogen. Nun wird nicht mehr darauf geachtet, was alles richtig läuft, sondern man schaut genau hin, was falsch ist. Eine Kehrtwende um 180 Grad!

Ich kann mich noch lebhaft an eines meiner ersten Diktate erinnern. Darunter stand: »20 Worte, 2 Fehler«. Leider nicht: 20 Worte, 18 richtig. Der Fokus der Lehrer war von da an überdeutlich. Sagte ich ein Gedicht auf, gab es erst einen Kommentar, wenn der erste Fehler passierte. Falsch! Besonders in der Schule werden viele Chancen vertan, den Blick junger Menschen auf Erfolge auszurichten. Viele Schüler erleben, dass es Lehrern wichtiger ist, ihr eigenes Ego zu stärken, als die Leistungen der Schüler anzuerkennen. Sicherlich gibt es Lehrerinnen und Lehrer, die anders verfahren. Das kann man aber beileibe nicht für alle Pädagogen sagen. Wie sollten sie auch anders agieren, wenn sie selbst keine anderen Erfahrungen gemacht haben? Eine echte Chance zur Veränderung gäbe es erst bei einer völligen Umorientierung, z. B. in der Ausbildung der Lehrer. Die ist jedoch derzeit nicht in Sicht!

Im Elternhaus ist es nicht anders. Ist das Kinderzimmer unaufgeräumt, hagelt es Vorwürfe, ist es in Ordnung, ist das selten einen Kommentar wert. Kinder werden systematisch erzogen, den Blick auf alles Negative zu legen – bei sich selbst und bei anderen.

Vielleicht kennen Sie auch eine Situation, in der Sie mit einer für Sie ungewöhnlich guten Note nach Hause gekommen sind und der Kommentar Ihrer Eltern war dann lediglich: »Hättest du mehr geübt, hätte es noch eine Note besser sein können!« Kommentare dieser Art sind wenig hilfreich und zielführend und bauen niemanden auf. Im Gegenteil, Kinder verlieren nach und nach die Lust an der Leistung. Anerkennung wäre in dieser Situation deutlich besser. Denn:

> Mit Anerkennung verstärkt man gezielt
> erwünschtes Verhalten.

Aber bitte echte Anerkennung, keine weichgespülte, und dann noch mit Kritik versehen! Eltern, die diesen Weg wählen, erziehen Kinder, die mit einem anderen Blick durch die Welt gehen können. Wahrscheinlich werden sie als Erwachsene mit ihren eigenen Kindern genauso positiv umgehen. Gelernt ist eben gelernt, so oder so!

Bei einigen Trainings, die ich durchführe, spiele ich mit den Teilnehmern das Hänschen-Spiel. Die Teilnehmer sitzen im Halbkreis und ich habe zuerst meinen (fiktiven) einjährigen Sohn Hänschen auf dem Arm. Ich gehe mit ihm zu jedem in der Runde und bitte um einen positiven, immer neuen Kommentar zu meinem Söhnchen.

Bei diesem ersten Durchgang kommen dann locker bis zu fünfzig unterschiedliche Kommentare zusammen. Es fällt den Teilnehmern also leicht, einem Kleinkind positive Attribute zuzusprechen.

In der nächsten Runde müssen die Teilnehmer einen ungünstigen Kommentar zu meinem Filius abgeben. Das fällt schon deutlich schwerer. Nach drei bis fünf Kommentaren geht allen die Munition aus. Diese beiden Runden, Positiv- wie Negativrunde, führe ich anschließend mit meinem fiktiven dreijährigen, später achtjährigen und dann noch meinem vierzehnjährigen Sohn Hans durch. Es ist jedes Mal erstaunlich, wie sich die Kommentare verändern. Vor allem beim Vierzehnjährigen tun sich die Teilnehmer unglaublich schwer, etwas Positives festzustellen. Kritik und Herabwürdigung beim Vierzehnjährigen kommt dagegen leicht und locker und man muss die Teilnehmer zum Schluss sogar bremsen, so viele negative Kommentare sprudeln aus ihnen hervor. Vielleicht spiegelt sich ja in diesem Spiel das eigene Leben der Teilnehmer?

Das extremste Beispiel, dass ich selbst erlebt habe, lieferte mein damaliger Fahrschullehrer. Wenn etwas gut lief, war das keine Silbe wert, nur ein mürrisches Gesicht. Machte ich dagegen einen kleinen Fehler, ging er hoch wie eine Rakete. Dann kamen nur noch seine Lobtiraden auf die eigenen Fahrkünste: »Wenn ich morgen die Führerscheinprüfung ablegen müsste, bekäme ich eine Eins mit Sternchen vom Prüfer!« Einen dümmeren Menschen als diesen Fahrlehrer habe ich nie wieder in einer solchen oder ähnlichen Situation erlebt. Dieser Mensch war in diesem Beruf eine völlige Fehlbesetzung.

Diese Fokussierung auf das Negative zeigt sich auch in einer Studie der Harvard-Universität in den USA. Sie beschreibt, dass wir bis zum 18. Lebensjahr ca. 180 000-mal das Wort »nein« hören. Es ist daher nicht verwunderlich, wenn junge Menschen wenig Selbstvertrauen und Selbstbewusstsein entwickeln. Auch als Erwachsene bleiben sie dann eifrige Nutzer von Verboten, sie haben es ja genau so gelernt. Damit erzeugen wir die gleichen schlechten Gefühle, wie wir selbst sie als Kinder erfahren haben.

Eines der am meisten gebrauchten Wörter der deutschen Sprache ist »nicht«. Normalerweise wird es benutzt, um ein Verbot auszusprechen. Genau wie »müssen« ist es häufig in unserer Erziehung eingesetzt worden: »Tu dies nicht, mache das nicht, geh da nicht hin und spiele nicht mit Klaus.« Besser wäre es gewesen, wenn man uns gesagt hätte: »Mach das besser so, gehe dahin, spiele doch mit Beate.« Verbote eröffnen nun einmal keine neuen Möglichkeiten und Perspektiven.

Negativbotschaften hören wir ständig in den Medien. Nachrichtensendungen sind davon bestimmt. Es trifft der Erfolgssatz der Journalisten zu: »Only bad news are good news.« Schlechte Nachrichten verkaufen sich immer hervorragend:

- Deutschland wieder einmal im Mittelfeld bei der Pisa-Studie!
- Arbeitslosenquote auf dem Höchststand!

- Rekordverschuldung bei den Krankenkassen!
- Gewaltverbrechen nehmen immer weiter zu!
- Jugendliche Gewalttäter haben wieder einmal zugeschlagen!
- **EURO-Kurs auf dem Abwärtstrend!**

Boulevardblätter verkaufen sich mit diesen Überschriften deutlich besser als mit positiven Botschaften. Negativbotschaften erreichen einen hohen Aufmerksamkeitsgrad. Gute Nachrichten erscheinen dagegen frühestens auf der zweiten Seite dieser Blätter. Auflage machen sie nämlich deutlich weniger.

Unter den Journalisten sind vor allem Sportreporter besonders engagierte Nutzer negativer Formulierungen. Hören Sie sich einmal aufmerksam die Übertragung eines Sportevents an. Sie werden garantiert sehr schnell fündig. Dabei ist der Ausspruch »Sie/er ist nicht schlecht in Form« noch einer von der harmloseren Art. Bei wirklich guten Leistungen ist fast immer zu hören: »Das ist keine schlechte Zeit«, »Das ist kein schlechtes Ergebnis« oder »Gar nicht schlecht gemacht«.

Auch immer gern benutzt: »Falls sie diese Hürde nimmt, kann ihr den Titel niemand mehr nehmen.« Ein ähnliches Beispiel: »Wenn sie dieses Spiel gewinnen, ist ihnen der Titel nicht mehr zu nehmen!« Dabei wäre zielgerichteter und viel einfacher: »Wenn sie dieses Spiel gewinnen, haben sie den Titel so gut wie in der Tasche!«

So einfach machen es sich die meisten Reporter leider nicht. Zu ihrem Standardrepertoire gehört: »Sie hatte keine Mühe, den Sieg nach Hause zu bringen.« Oder vor einem Sportevent: »Seine Aussichten sind gar nicht mal so schlecht.« Und das, obwohl man vom Top-Favoriten spricht.

Nun folgen Kommentare aus der Übertragung eines Radrennens. Der Reporter beschreibt einen Ausreißversuch eines Fahrers. Dieser wird jedoch gleich vom Hauptfeld wieder eingeholt werden. »Er ist jemand, der nicht müde wird«, und: »Er gibt sich noch nicht geschlagen.« Positiv formuliert klingt das anders: »Er kämpft weiter, trotz des herannahenden Feldes.« Der nächste Kommentar zu diesem Fahrer: »Auch in der Punktewertung (Bergwertung) ist er noch nicht aus dem Rennen.« Wie wäre es mit: »Auch in der Punktewertung hat er noch sehr gute Chancen«?

Nun noch ein echtes Paradebeispiel für ungünstige Sprachakrobatik in einer Sportreportage. Nach den jahrelangen Erfolgen Michael Schumachers in der Formel 1 traten 2001 weitere deutsche Rennfahrer ins Rampenlicht. Die »Begeisterung« eines Sportreporters demonstrierte uns Heiko Wasser (RTL) bei der Übertragung des Rennens am 15.07.2001 mit den Worten: »Vier deutsche Fahrer unter den ersten acht. Das ist nicht so richtig schlecht.« Dieses Beispiel sagt selbstverständlich auch einiges über die Denkstruktur des Sprechers.

Negative Superlative sind fester Bestandteil alltäglicher Gespräche. Hören Sie einmal in die Wartezimmergespräche in Arztpraxen hinein. Da berichten jede Patientin und jeder Patient in aller Dramatik, woran man leidet. Die Krankheitsgeschichten übertreffen sich. Der folgende Dialog des Kabarettisten Konrad Beikircher trifft nach meiner Erfahrung den Nagel auf den Kopf.

»Warum sind Sie denn hier?«

»Ich hab's am Bein«, ist die Antwort.

Darauf folgt sogleich die Erwiderung: »Ich hab ja das Herzwasser, schon seit Jahren.«

Falls Sie noch Anregungen für neue Erkrankungen bei sich selbst suchen, setzen sie sich für eine Stunde in das Wartezimmer Ihres Hausarztes. In diesem Fall lohnt sich das Warten ganz bestimmt.

Ein weiterer interessanter Aspekt in der Sprachnutzung sind regionale Unterschiede. Nach meiner Erfahrung wird die Sprache immer negativer, je weiter man in den Norden Deutschlands kommt. So ist ein »Im Prinzip nicht schlecht« in Hamburg eine euphorisches »Toll« in Köln. Norddeutschlands Menschen kultivieren negative Sprache regelrecht. Ob das wohl am schlechten Wetter liegt?

Effektive Selbstgespräche

Wie wir gesehen haben, dient effizienter, zielgerichteter Sprachgebrauch einerseits dazu, die Kommunikation nach außen zu optimieren. Zum anderen dient er ganz besonders dem eigenen Selbstmanagement. Denn unser Selbstmanagement wird fast immer durch innere Kommunikation begleitet und gelenkt. Werden diese »Selbstgespräche« eher unvorteilhaft geführt, entsteht ein ungünstiger emotionaler Kontext. Konsequent weitergedacht bedeutet das:

> Die Qualität unserer inneren Kommunikation
> bestimmt unseren Zustand!

Es gibt viele gute Bücher, die sich mit der inneren Kommunikation auseinandersetzen. Wirklich neu an meinem Ansatz ist dagegen, diese Kommunikation mit einer gezielten, günstigen Wortwahl zu führen. Denn wir haben ja bereits festgestellt, dass Worte mit Emotionen verknüpft sind. Und von daher muss es doch unbedingt sinnvoll sein, die Selbstgespräche von positiven, aufbauenden Emotionen begleiten zu lassen.

Halten wir zunächst noch einmal fest, wie das Unterbewusstsein arbeitet:

1. Das Unterbewusstsein speichert Repräsentationen (Erinnerungen) primär in Form von Bildern, Körpergefühlen und Tönen ab.
2. Bilder sind sehr leicht abzuspeichern und wieder herzustellen. Sie sind unsere primäre Repräsentationsform.
3. Repräsentationen sind fast immer an Emotionen gekoppelt.
4. Wenn Emotionen entstehen, bildet sich dies im Körper ab.
5. Machen wir uns diese Emotionen bewusst, entsteht ein Gefühl.
6. Das Unterbewusstsein arbeitet autark. Es unterliegt nahezu keiner Kontrolle.
7. Das Unterbewusstsein bewertet bei der Aufnahme von Informationen nicht.
8. Es erkennt nicht reale oder halluzinierte (konstruierte) Repräsentationen.
9. Das Unterbewusstsein steuert unser Handeln.

> Die günstige Programmierung des Unterbewuss-
> ten macht Menschen erfolgreich!

Nichts, was einmal gespeichert wurde, kann später gelöscht werden. Josef Murphy, einer der bedeutendsten Protagonisten des positiven Denkens, hat einmal gesagt: »Das Unterbewusstsein führt alle Befehle aus, die ihm das Bewusstsein in Form von Urteilen und Überzeugungen zukommen lässt.«

Wenn Sie ein Erlebnis negativ abspeichern, können Sie es also nicht mehr löschen. Das ist zunächst einmal eine wichtige Erkenntnis. Sie haben jedoch die Chance, positive Aspekte dieses Erlebnisses ebenfalls abzuspeichern, denn jedes Negative im Leben hat immer eine oder mehrere positive Seiten. Speichern Sie diese bitte ebenfalls. Oder spielen Sie die Situation vor Ihrem geistigen Auge noch einmal durch, jedoch dieses Mal mit einem positiven Ausgang. Es ist, wie schon gesagt, wichtig, dass Sie das in Bildern machen, damit Ihr Unterbewusstsein das schnell und einfach erfassen kann. Da Ihr Unterbewusstsein nicht erkennt, ob diese Bilder real oder halluziniert sind, haben Sie nun zu diesem Erlebnis eine weitere, positive Speicherung. Dadurch wird der Einfluss der ungünstigen Speicherung deutlich schwächer. Je intensiver Sie das Positive speichern, umso geringer ist die Kraft der negativen Erinnerung in Ihrem Unterbewusstsein. Sie »verdünnen« diese durch die positiven Einträge.

In manchen Situationen, wenn etwas eher schlecht gelaufen ist, ist eine positive Umformung kaum möglich. In solchen Fällen ist z. B. Selbstkritik durch ein effektives Selbstgespräch, z. B. mit einem kreativen Lösungsansatz und günstiger Wortwahl, sinnvoll. Die Konsequenz sollte sein, dass bei nächster Gelegenheit diese neuen Möglichkeiten genutzt werden können. Wenn mir z. B. ein Gespräch nicht besonders gut gelungen ist und ich im Nachhinein meine ungünstigen Gesprächsbeiträge erkannt habe, stelle ich mir das Gespräch innerlich nachträglich mit einem positiven Verlauf vor. Damit ist die Chance für eine eigene günstige Entwicklung gegeben, und das Unterbewusstsein hat einen weiteren positiven Eintrag!

Wir legen alles, was wir von uns selbst denken, unterbewusst ab. Zum Beispiel:

- Ich schaffe alles, was ich mir vornehme.
- Ich erreiche meine Ziele.
- Ich bin gesund und fit.
- Ich bin erfolgreich in meinem Beruf.
- Ich bin eine gute Mutter/Vater.
- Ich bin eine gute Chefin/Chef.

Wichtig: Formulieren Sie diese hilfreichen Überzeugungen immer zielgerichtet. Bitte nicht: »Ich will *nicht* xy sein.«

Leider speichern wir auch Dinge, die andere Menschen von uns behaupten. Wir machen diese Aussagen häufig zu unseren eigenen. Das tun wir besonders dann, wenn eine fremde Aussage mit einem eigenen Misserfolg einhergeht. Diesen Vorgang bezeichnet man als Introjektion, also »die unbewusste Einbeziehung fremder Anschauungen«. Oder auch: »Das hat meine Mutter (mein Vater) schon von mir gesagt.«

- Ich bin nicht kreativ.
- Ich bekomme immer wieder Grippe (Infekte).

- Ich werde immer wieder krank.
- Ich kann nicht gut rechnen.
- Das wird bei mir nie funktionieren.
- Ich habe häufig sehr große Probleme.
- Man nimmt mich nicht ernst.
- Ich bin kein guter Redner.
- Ich bin ein Verlierer.
- Ich bin kein guter Handwerker. (Ich habe zwei linke Hände.)
- Ich habe keine Chance.

Die Aussagen anderer zur eigenen Person können sogar zu persönlichen Glaubenssätzen werden. Glaubenssätze sind Programme, die unser Verhalten steuern. Eine ehemalige Kollegin behauptete von sich: »Ich habe immer Pech im Leben.« Ganz sicher waren ihre inneren Gespräche genauso aufgebaut. Sie machte tatsächlich immer einen sehr geknickten Eindruck, und als ich sie nach Jahren noch einmal traf, berichtete sie mir, sie habe später ein massives »Burnout-Syndrom« gehabt. Ich denke, die Ursache für diese heute immer häufiger anzutreffende Erkrankung ist auch in einer ungünstig geführten inneren Kommunikation zu suchen!

Glaubenssätze und die dazugehörenden inneren Dialoge sind bestimmend für unser Verhalten und unseren Zustand. Wir halten intensiv an ihnen fest, außer wenn wir aktiv durch effektive Selbstgespräche gegensteuern. Unter Umständen verlieren sie dann ihre Wirkung. Denn das Unterbewusstsein führt sämtliche Befehle aus, die ihm zugeführt werden. Darum ist es wichtig, ihm günstige Signale zukommen zu lassen. Negativ zu denken oder ebensolche Glaubenssätze und Überzeugungen zu pflegen, verhindert dagegen Erfolge. Positive Gedanken und günstige Glaubenssätze potenzieren sich. Sie helfen uns, erfolgreich, zufrieden und glücklich zu leben. Eine stärkende innere Kommunikation kann z. B. mit solchen Feststellungen geführt werden:

- Ich bin positiv!
- Ich bin ein Glückskind!
- Ich erreiche stets meine Ziele!
- Ich bin ein großartiger Mensch!
- Die Menschen mögen mich!
- Ich kann wirklich hart arbeiten!
- Ich erziele gute Ergebnisse!
- Mein Körper ist stark und gesund!
- Das Leben ist wunderbar!

Entscheidend ist wieder einmal die positive und zielgerichtete Formulierung dieser günstigen Feststellungen.

Tatsache ist, dass alles, was wir unserem Gehirn zuführen, neurobiologische Konsequenzen hat. Synapsen und Nervenbahnen werden neu geschaffen oder bestehende gefestigt und ausgebaut. Dagegen werden Synapsen und Verbindungen zwischen den Nervenzellen, die lange nicht benötigt wurden, Zug um Zug abgebaut. Eine treffende chinesische Weisheit sagt: Eine Fähigkeit, die nicht täglich zunimmt, geht täglich zurück. Denken Sie z. B. an Sprachkenntnisse, die Sie erworben und nicht mehr genutzt haben. Auch diese verkümmern, wenn sie nicht genutzt werden.

> **Use it or loose it.**

Glaubenssätze haben enorme Konsequenzen für das tägliche Leben. Negative Gedanken haben einen großen Einfluss auf das Gefühlsleben. Je mehr ungünstige Speicherungen Sie haben, umso negativer sind Ihr Denken und damit auch die Ergebnisse, die Sie produzieren. Manch ein Zeitgenosse kultiviert dieses negative Denken und entwickelt sich zum Pessimisten oder Nörgler. Für Sie macht es dagegen gar keinen Sinn, z. B. negativ über andere Menschen zu urteilen. Letztlich beeinflussen Sie sich selbst damit ungünstig. Falls Sie negativ über jemanden denken, sollten Sie sich seine positiven Seiten bewusst machen, um dies ebenfalls Ihrem Unterbewusstsein zugänglich zu machen – schließlich gibt es an jedem Menschen etwas Positives. Wie hat es Benjamin Franklin formuliert: »Sprich von niemandem schlecht, aber verbreite alles Gute, was du über die Menschen weißt.« So schreibt der Apostel Paulus in seinem Brief an die Philipper: »Im Übrigen, meine Brüder, richtet eure Gedanken auf das, was gut ist und Lob verdient, was wahr, edel, gerecht, rein, liebenswert und schön ist.« Besser kann man das positive Denken nicht beschreiben!

Für Sie selbst bietet positives Denken die Chance, in schwierigen Situationen angenehme Erinnerungen zurückzuholen und diese noch einmal zu erleben. Es wird gewissermaßen zur Kraftquelle für die Gegenwart. Die Konsequenz daraus: Müllen Sie Ihr Gehirn nicht mit negativem Schrott zu, der Sie nur behindert und ungünstig beeinflusst! Denn:

> **Die Persönlichkeit eines Menschen ist identisch mit dem Inhalt seines Unterbewusstseins.**

Positives Selbstmanagement wirkt immer von innen nach außen. Das bedeutet, man muss die Verantwortung für die Situationen oder Konflikte, in denen man sich befindet, bei sich selbst suchen. Schuldzuweisungen an andere sind völlig nutzlos. Sie sind unzweckmäßig, da sie nicht weiterhelfen, sondern blockieren. Durch Schuldzuweisungen an andere nehmen Sie sich selbst die Möglichkeit, etwas Entscheidendes für die Zukunft zu verändern. Denn so haben immer die anderen Schuld. Mit diesen Denkmustern bringen Sie sich in einen ungünstigen Zustand und berauben sich jeglicher Möglichkeit der Einflussnahme.

Falls Sie mit einer Situation nicht einverstanden sind, haben Sie alle Möglichkeiten, das eigene Gehirn auf ein anderes Ergebnis zu programmieren. Ihr Unterbewusstsein wird Sie bei der Umsetzung unterstützen. Die Opferrolle oder Elendshaltung verhindert jede Lösung, denn verantwortlich für das eigene Leben sind Sie selbst und niemand anders!

Für einige Menschen ist das Einnehmen der Opferrolle ein einfacher Ausweg aus ihrer Misere. Opfer erfahren Zuwendung, die ihnen sonst verwehrt wird, wie Mitgefühl und Anteilnahme; sie werden zumindest zur Kenntnis genommen. Das mag ja ganz nett sein, langfristig jedoch bietet die Opferrolle keine Chancen und Möglichkeiten zur Weiterentwicklung. Sie führt uns nicht aus schwierigen Situationen heraus, sondern blockiert unser gesamtes Denken und lässt uns in Erstarrung verharren!

Menschen, die sich dagegen positiv programmieren, haben eine höhere Lebenserwartung als andere. Schon 1984 zeigte die Veröffentlichung einer Studie im renommierten »New England Journal of Medicine«, dass Optimismus ein besonderer Marker für bessere Überlebenschancen sein kann. Der Studienleiter Prof. Ruderman beobachtete Männer, die eine Herzattacke hatten, acht Jahre lang nach dem Ereignis. Von den Pessimisten überlebten vier von 25, von den Optimisten 19 von 25. Damit war die Lebenseinstellung ein besseres Prognosemerkmal als die Blutfettwerte, der Blutdruck oder das Ausmaß der Verschlüsse der Herzkranzgefäße. Jedoch ist nicht nur die Lebenserwartung von Optimisten durchweg besser. Optimisten leben auch leichter!

Eine weitere Arbeit von Frau Prof. Levy und Mitarbeitern (Yale Universitiy, Department of Epidemiology and Public Health) bewies, dass die Lebenserwartung auch von der positiven bzw. negativen Einstellung zum eigenen Altern abhängt. 338 Männer und 322 Frauen wurden dazu befragt. Innerhalb des Befragungszeitraums von 23 Jahren zeigten sich deutliche Unterschiede in den Todesraten. Studienteilnehmer, die ungünstige Glaubenssätze pflegten, lebten im Schnitt 7,5 Jahre weniger als positiv denkende.

Dahinter stecken ungünstige Glaubenssätze wie:

- Wenn du älter wirst, bis du weniger nützlich.
- Alt werden macht wenig Spaß.
- Alte Menschen werden nicht mehr gebraucht.

Wieder einmal sind es günstige, zielgerichtete innere Dialoge, die das Leben verändern (verlängern!) können:

- Im Alter erfülle ich mir noch einige Wünsche.
- Ich werde weiterhin meinen Hobbys nachgehen.
- Alt werden kann sehr viel Spaß machen.

Ist es nicht überaus erstaunlich, wie man sich selbst programmieren kann und dann unter Mitwirkung des eigenen Unterbewussten die gewünschten Ergebnisse erhält? Halten Sie nun für einen kurzen Moment inne und fragen sich selbst, was Sie von Ihrer Zukunft erwarten. Wie sehen Sie Ihren zukünftigen Lebensweg, Ihre Familie, Ihren Beruf und Ihr Alter? Falls Sie negative Erwartungshaltungen pflegen, können Sie sich sehr einfach ausrechnen, was auf Sie zukommt!

Nicht nur für negative Programmierungen treffen diese »selbsterfüllenden Prophezeiungen« zu. Dass das Ganze auch umgekehrt funktioniert, bewies uns der Radrennfahrer und siebenfache Tour-de-France-Gewinner Lance Armstrong. Er führt aus, er habe seine Krebserkrankung, die im fortgeschrittenen Stadium bereits die Lunge und sein Gehirn befallen hatte, nur durch seine positive Einstellung besiegen können. Er beschreibt, dass er sich bildlich vorgestellt habe, wie er die Killerzellen aus seinem Körper mit dem Urin ausscheidet. Mit aller Macht wollte er gesund werden. Die größten Erfolge bei Radrennen hatte er übrigens nach seiner Erkrankung, und ich bin mir ganz sicher, dass er nur durch diese Erkrankung und das gelernte positive Selbstmanagement zu diesen grandiosen Erfolgen fähig war. Auch Lance Armstrong gibt seinem Unterbewusstsein Anweisungen. Diese sind so machtvoll und überzeugend, dass sie letztendlich erfolgreich sind. Es gibt in der Literatur noch viele weitere Beispiele ähnlicher Krankheitsgeschichten. Unbestritten ist, dass viele negative Einträge in unserem Unterbewusstsein sogar das Immunsystem schädigen können. Positive Einträge dagegen führen zu seiner Stärkung.

> »Achte auf deine Gedanken!
> Sie sind der Anfang deiner Taten.«
> *Chinesisches Sprichwort*

Oder passend zum Thema dieses Buches: Achte auf deine innere Kommunikation. Führe sie positiv und zielgerichtet!

Dass mentales Training sogar die Muskulatur stärken kann, zeigte der Sportphysiologe Guang Yue von der Clevelandklinik in Ohio/USA. Er ließ Freiwillige in drei Einheiten pro Woche Bodybuilding im Kopf nachvollziehen. Sie mussten sich ein maximales Anspannen des Bizepses mehrfach vorstellen. Dabei wurde mittels Elektroden kontrolliert, ob der Muskel entspannt blieb. Ergebnis: Die »trainierte« Gruppe verfügte nach 14 Tagen über eine 13,5 Prozent größere Muskelkraft. Bei der Kontrollgruppe gab es, wie zu erwarten, keine Verbesserung. »Das Ergebnis legt nahe, dass man die Muskelkraft erhöhen kann, indem man stärkere Signale vom Gehirn aussendet.« (»Ärztezeitung« vom 26.11.2001)

Kennen Sie z. B. das angenehme Kribbeln oder die Gänsehaut, wenn Sie Musik hören, die Sie emotional besonders stark anspricht? Auch das sind Reaktionen oder besser gesagt Emotionen Ihres Unterbewusstseins bzw. des Körpers auf einen Reiz. Ich bin mir sehr sicher, dass sich durch diese positiven Reaktionen das Immunsystem stimulieren lässt. Vielleicht bilde ich mir das nur ein, aber ich selbst halte es seit Jahren so. Wenn ich spüre, dass sich ein Infekt anbahnt, höre ich Musik, die mich emotional günstig anspricht. Ich stelle mir dann intensiv vor, dass dadurch alle Zellen des Immunsystems aktiviert werden. Immer wieder habe ich erlebt, dass dieses Vorgehen überaus erfolgreich ist!

Um erfolgreich zu sein und dabei entspannt und gelassen zu leben, ist positives Denken eine wichtige Voraussetzung. Positiv zu denken bedeutet zuerst einmal, die Möglichkeiten zu sehen, die man hat, und nicht an die Dinge zu denken, die nicht funktionieren könnten. Positives Denken wird daher häufig auch als Möglichkeitsdenken bezeichnet. Positiv zu denken ist darüber hinaus zutiefst humanistisch angelegt. Positiv Denkende suchen immer eine optimale Lösung für alle Beteiligten. Sie suchen die Win-win-Situation, weil diese langfristig auch für sie selbst den maximalen Erfolg bringt. Der Ansatz ist:

> Gebe ich meinem Gegenüber etwas Positives, so ist die Chance, dass ich das Gleiche zurückbekomme, recht groß.

Oder wie es Marc Aurel gesagt hat: »Werde also nicht müde, deinen Nutzen zu suchen, indem du anderen Nutzen gewährst.«

Man kann in letzter Konsequenz sogar sagen, dass dieses Denken zutiefst egoistisch ist; ein hochinteressanter Gedanke, wie ich finde. Matt Ridley hat ein spannendes Buch zu diesem Thema geschrieben: *Die Biologie der Tugend*. Ridley meint, dass es für die Menschen langfristig sinnvoll ist, gut zu sein, denn dadurch liegen alle Vorteile auf ihrer Seite. Er führt aus, dass langfristig nur das Gute erfolgreich Geschichte schreibt. Ich übersetze das mit positivem Denken.

Negativ zu denken ist erfolgsverhindernd. Falls Sie so denken, erleben Sie diese Dinge innerlich in Bildern oder Gefühlen. Sie programmieren sich damit auf den Misserfolg. Pessimisten fristen maximal ein mittelmäßiges Leben. Ihre unbewussten Denkprozesse überladen sie mit negativer Energie, da die meisten Repräsentationen in ihrem Unterbewusstsein negativ und ungünstig geprägt sind. Falls Sie über Krankheiten bei sich selbst nachdenken, schließt das Unterbewusstsein aufgrund seiner Struktur, dass es genau das ist, was Sie möchten. Denken Sie dagegen über Ihre Gesundheit und Fitness nach, wird Ihr Unterbewusstsein genau an diesen Zielen mitarbeiten.

Erfolgreiche Menschen haben eine optimistische Struktur:

»Yes, we can!«

Sie denken an Erfolge und programmieren damit ihr Unterbewusstsein. Das Unterbewusstsein dieser Menschen arbeitet ständig an der Erreichung ihrer Ziele. Erfolgreiche Menschen haben bereits Repräsentationen dieser zukünftigen Ergebnisse und sind daher programmiert, alle Faktoren zu erkennen und zu nutzen, die für die Erreichung des Zieles dienlich sein können. Es scheint genau diese Zielorientierung zu sein, die sie so erfolgreich und meist auch sehr sympathisch macht.

In dem Moment, in dem Sie sich ein Ziel setzen, teilen Sie das ihrem Unterbewusstsein in Form eines Bildes mit. Da es sofort beginnt, Lösungsansätze zu finden, sind Sie schon auf dem Weg zum Ziel!

Alle erfolgreichen Menschen haben Ziele für ihr Leben. Nur überaus selten führt der Zufall Regie. Anthony Robbins beschreibt in seinem Buch *Das Powerprinzip* eine Studie der amerikanischen Yale University. Es wurden die Abgänger des Jahrgangs 1953 befragt, ob sie Ziele für ihr zukünftiges Leben definiert haben. Lediglich drei Prozent der Studenten gaben an, schriftlich definierte Ziele festgelegt zu haben. Nach zwanzig Jahren befragte man die noch lebenden Studienteilnehmer und erhielt erstaunliche Ergebnisse. Die Befragten mit schriftlich fixierten Zielen waren wirtschaftlich deutlich erfolgreicher als die Summe der 97 Prozent ohne schriftliche Ziele. Nun könnte man mit Recht einwerfen, dass wirtschaftlicher Erfolg nicht alles im Leben ist. Jedoch stellten die Interviewer auch bei den »weichen Faktoren« wie Glück oder Zufriedenheit eine deutlich höhere Ausprägung fest.

Ziele entfalten eine Sogwirkung.

Sich selbst Ziele zu stecken ist eine wirkungsvolle Methode, erfolgreich zu sein. Allerdings ist es sinnvoll, zwischen Zielen und Wünschen zu unterscheiden. Ziele sollten »wohlgeformt« sein.

Falls ein Ziel den folgenden acht Kriterien entspricht, wird es wahrscheinlich erfolgreich umzusetzen sein:

1. Ziele müssen positiv formuliert sein. Formulieren Sie also, was Sie erreichen wollen, und nicht, was Sie nicht erreichen wollen. Sie geben damit Ihrem Unterbewusstsein eine klare, bildliche Zielvorstellung.
2. Die Ziele müssen selbst erreichbar sein, d. h. unabhängig von externen, nicht beeinflussbaren Faktoren, z. B. dem Zufall oder anderen Menschen.

3. Ziele müssen erreichbar und realistisch sein. Es ist z. B. kein Ziel, in den nächsten Monaten einen Sechser im Lotto zu landen.
4. Ziele sollten, um sie transparent zu machen, in einem Satz formuliert werden. Das ist notwendig, um das Unterbewusstsein mit einem Bild zu versorgen.
5. Die Ziele sollten klar und konkret sein, nicht nebulös.
6. Ziele dürfen keine Konjunktive enthalten. Nicht: »Ich sollte etwas tun«, sondern: »Ich werde xy machen.«
7. Ziele müssen sinnesspezifisch messbar sein, um die Erreichung genau festzustellen. Das bedeutet, man muss die Zielerreichung sehen, hören oder spüren können.
8. Alle Ziele bedürfen eines Zeitrahmens, der schriftlich festgehalten wird, um die Erreichung überprüfen zu können.

Ich möchte Ihnen nun eine kleine Geschichte erzählen. Es ist die Geschichte von Frau Chancenfinder und Herrn Hürdensucher:

Frau Chancenfinder definiert klare und konkrete Ziele, die sie erreichen will. Außerdem schmiedet sie Pläne, um diese Ziele zu erreichen. Dadurch ist sie erfolgreich und zufrieden mit ihrem Leben. Herr Hürdensucher hat keine Ziele und damit naturgemäß auch keine Pläne. Was er dagegen immer hat, sind Ausreden, warum er etwas nicht tun wird. Mit dieser Rechtfertigung lebt er zunächst ganz gut, langfristig jedoch verspürt er große Unzufriedenheit. Er verändert sich ja nicht mehr, und das ist ein ungünstiger Umstand. Um uns herum wandeln sich die Dinge ständig. Niemand kann sich diesen Veränderungen verschließen oder glauben, sie beträfen ihn gar nicht. Frau Chancenfinder findet für jedes »Problem« schnell eine Lösung. Gerade weil sie lösungsorientiert denkt und nicht an das »Problem«, ist sie so erfolgreich. Sie stellt also die Lösung in den Vordergrund. Herr Hürdensucher sieht in jeder Lösung erst einmal ein »Problem«. In jedem Lösungsansatz sucht er die Schwierigkeiten, die naturgemäß immer vorhanden sind. Frau Chancenfinder hat, wie gesagt, Ziele definiert. Ist sie am Ziel angekommen, kann sie sich komfortabel zurücklehnen und ihr Ergebnis mit dem Ziel vergleichen, das sie sich gesetzt hatte. Hat sie es erreicht, kann sie zufrieden sein. Ist sie noch nicht am Ziel, kann sie überlegen, was sie noch benötigt oder tun muss, um es zu erreichen. Herr Hürdensucher hat an diesem Punkt ein echtes »Problem«, denn er hatte ja kein Ziel. Falls er etwas erreicht hat, kann er sich lediglich mit anderen vergleichen. Und genau hier gibt es für ihn eine weitere Herausforderung, denn es gibt immer jemanden im Leben, der in einer bestimmten Angelegenheit besser ist als man selbst. Genau mit diesem vergleicht sich Herr Hürdensucher und wird wieder einmal feststellen, dass er schon wieder nicht an die Leistungen anderer heranreichen konnte. Falls eine Herausforderung auf sie zukommt, sagt Frau Chancenfinder: »Es mag schwierig sein, aber es ist möglich«, denn sie sieht die Möglichkeiten, die sie hat. Herr Hürdensucher kehrt das Ganze um und sagt: »Möglich ist es schon, jedoch viel zu schwierig«, denn er sieht nur die »Probleme«, die auftauchen könnten.

Ich habe diese Geschichte frei erfunden. Ich bin mir jedoch bewusst, dass es sehr viele Hürdensucher gibt, die sich Erfolg und die Aussicht auf ein glückliches Leben selbst verbauen. Vielleicht kennen Sie auch Menschen, die in eine dieser Kategorien passen.

Optimisten werden nicht geboren. Optimisten haben ihre Sicht auf die Dinge erlernt. Es ist eine Denkstrategie, die Strategie von Gewinnern, optimistisch zu denken. Optimisten generalisieren ihre persönlichen Erfolge in ihrer inneren Kommunikation: »Wenn ich diese Herausforderung gemeistert habe, bin ich auch in der Lage, die nächste zu bewältigen.« Sie sind überzeugt davon, dass für sie fast alles möglich ist. Haben sie dagegen ein negatives Ergebnis erhalten, betrachten sie dieses entscheidend anders als Pessimisten: Sie sehen es als Resultat des eigenen Handelns und einiger ungünstiger Umstände, jedoch nicht ihrer persönlichen Struktur. Für die Umstände lehnen sie die Verantwortung ab, nicht für das Resultat. Dieses nutzen sie, um zu lernen und sich weiter zu verbessern. Der Pessimist dagegen sieht das ungünstige Resultat als Ergebnis seiner Glaubenssätze. Diese lauten in vielen Fällen: »Ich bin unfähig« oder »Ich bin zu so etwas nicht in der Lage«.

Pessimismus ist schon deshalb ungünstig, weil er verhindert, dass bestimmte Aufgaben angegangen werden. Optimisten dagegen sehen in schwierigen Situationen deutlich häufiger Chancen und gehen diese Möglichkeiten gezielt an, weil sie an sich selbst und ihre Kraft glauben. Halten wir also fest: Pessimisten generalisieren ihre ungünstigen Ergebnisse. Optimisten sehen ein ungünstiges Ergebnis lediglich als Einzelfall!

> **Es gibt keine Probleme, sondern nur Herausforderungen.**

Wie schon besprochen, tragen Herausforderungen schon einen Teil der Lösung in sich. Wer über Probleme nachdenkt, blockiert sich selbst. Der Gedanke an die Lösung ist dagegen Erfolg versprechender, da mit diesem Ansatz dem Unterbewussten der Auftrag zur Mitarbeit erteilt wird. Mit der Einstellung, das Problem als Herausforderung zu sehen, denken Sie also immer lösungsorientiert. Vermeiden Sie lange Gespräche oder das Nachdenken über Probleme. Denken Sie besser über Lösungen nach, denn genau das bringt Sie immer wieder auf die Erfolgsstraße.

1. Fragen Sie sich, was Sie selbst tun können, um der Herausforderung zu begegnen.
2. Falls es keine Möglichkeit gibt, etwas selbst zu unternehmen, fragen Sie sich, ob Sie die Sache anders betrachten können, ob sie also auch positive Seiten hat. Wie so etwas funktioniert, kommt im nächsten Kapitel zur Sprache.
3. Ist das nicht möglich, haken Sie die Sache ab und denken nicht mehr darüber nach. Jeder Gedanke daran würde Sie lediglich schwächen!

Und wenn Sie über Lösungen nachdenken, achten Sie bitte dabei immer darauf, zielgerichtet zu formulieren!

Leider sind, wie schon gesagt, unsere Denkstrukturen noch sehr archaisch. »Probleme« oder Schwierigkeiten bringen uns häufig in einen Zustand, der uns vergessen lässt, wie gut die persönliche Gesamtsituation ist. Wir kommen z. B. aus dem Urlaub, hatten zwei wunderschöne Wochen, das Bankkonto stimmt, die Kinder sind gesund. Und trotzdem ärgern wir uns und bekommen schlechte Laune, weil eine Kleinigkeit bei der Rückreise nicht so funktioniert, wie wir uns das vorgestellt haben. Da kann schon ein Stau der Anlass für Ärger und dauerhafte Unzufriedenheit sein. Manchmal ertappe ich mich selbst dabei, genauso ungünstig zu reagieren, beispielsweise bei Vorträgen vor größeren Gruppen. Selbst wenn alles optimal läuft und das Publikum wirklich gefesselt und begeistert ist, reicht manchmal schon ein einziger Teilnehmer, der den Kopf schüttelt oder den Saal verlässt, um bei mir Unsicherheit zu erzeugen. Bei klarem Betrachten der Situation eine unverständliche Reaktion, denn ein unzufriedener Teilnehmer wird durch 40 hochzufriedene mehr als kompensiert – und allen kann man es nun einmal nicht recht machen.

Genau so ein Beispiel habe ich vor einiger Zeit erlebt. Ich war als Referent eingeladen und sollte vor einem Kreis von 25 Teilnehmern über das Thema Qualitätsmanagement sprechen. Ein relativ trockenes Thema und deshalb achte ich als Redner immer etwas kritischer auf die Reaktion der Teilnehmer. Alle Teilnehmer zeigten Interesse und stellten Fragen. Nur ein Zuhörer schüttelte einige Male den Kopf und schaute ungewöhnlich kritisch. Dies reichte aus, mich auf ihn zu fixieren und immer wieder auf positive Reaktionen zu hoffen. Ich nahm an, er lehne die gesamte Thematik für sich und sein Unternehmen rundweg ab. Wie sich später herausstellte, war er von meiner Präsentation sehr angetan. Nur war sein Mitarbeiterteam im Qualitätsmanagement schon deutlich weiter als die übrigen Teilnehmer. Später bat er mich sogar um ein Einzelcoaching zu diesem Thema. So sehr kann man in der Einschätzung der Situation danebenliegen!

Ein weiteres Beispiel: Nach einem wirklich guten Tag ärgert man sich auf dem Heimweg maßlos über einen »Idioten«, der auf der Autobahn drängelt. Zu allem Überfluss nimmt man diese negative Stimmung noch mit nach Hause.

Zum positiven Selbstmanagement gehört auch ein gewisser Grad an emotionaler Intelligenz. Daniel Goleman veröffentliche dazu 1995 das Buch *Emotionale Intelligenz*. Er griff die Ideen von John D. Mayer und Peter Salovey aus dem Jahr 1990 auf. Seit dieser Zeit beschäftigten sich noch viele weitere Autoren mit diesem Thema. Alle führen aus, dass ein hoher Intelligenzquotient (IQ) alleine nicht ausreicht, um wirklich erfolgreich zu sein. Es muss auch ein gewisses Gespür für die Emotionen anderer Menschen vorhanden sein. Da sind sie wieder, unsere Spiegelneurone! Darüber hinaus ist das Erkennen und Managen der eigenen Gefühle ein wichtiger Baustein des emotionalen Quotienten (EQ).

Daniel Goleman: »Intelligenz trägt höchstens zwanzig Prozent zu den Faktoren bei, die den Lebenserfolg ausmachen, über achtzig Prozent sind auf andere Kräfte zurückzuführen.«

> »Was nützt ein hoher IQ, wenn man ein emotionaler Trottel ist?«
>
> *Daniel Goleman*

Im Wesentlichen sind es vier Bereiche, aus denen sich die emotionale Intelligenz zusammensetzt:

1. Das Erkennen der eigenen Emotionen. Viele geben sich Emotionen hin, ohne sich dessen bewusst zu werden. Sie werden z. B. aggressiv oder wütend, erkennen aber diesen Vorgang nicht. Als Folge davon sind sie diesen Emotionen hilflos ausgeliefert. Sie sind also Sklaven ihrer eigenen Empfindungen. Diese Emotionen klar zu erkennen, ist die Voraussetzung für den nächsten Bereich.
2. Das Steuern der eigenen Emotionen wird erst möglich, wenn uns ihr Vorhandensein bewusst ist. Ist das erfolgt, können wir die eigenen Gefühle optimieren, um bessere Ergebnisse zu erzielen. Sehr effizient sind diese Emotionen durch günstige innere Dialoge positiv zu verändern.
3. Das Erkennen der Emotionen unserer Mitmenschen (Empathie). Ein Gespür dafür zu entwickeln, genau zu erkennen, wie es um die Emotionen und Gefühle unserer Mitmenschen bestellt ist. An diesem Punkt es ist interessant, die Funktion der Spiegelnervenzellen zu kennen. Das Erkennen von Emotionen bei anderen Menschen ist die Voraussetzung für den nächsten Bereich emotionaler Intelligenz.
4. Steuern der Emotionen und Gefühle unserer Mitmenschen. Dazu bietet z. B. ein zielgerichteter Sprachgebrauch sehr viele Möglichkeiten, wie dieses Buch aufzeigt.

Goleman führt aus, dass, wer Erfolg im Leben haben will, klug mit seinen Emotionen umgehen muss. Besonders eine Führungskraft ist gefordert, mit emotionaler Intelligenz die Grundlage für den Aufbau einer funktionierenden Team- und Vertrauenskultur zu schaffen. Falls Sie Ihren EQ testen möchten, finden Sie am Ende dieses Kapitels einen Test, den Daniel Goleman für die UNTE-Cyberuniversity entwickelte.

Negative Gedanken schwächen den Körper. Das lässt sich recht einfach mit dem Deltamuskeltest beweisen. Goodheart und Diamond zeigten uns in ihren Arbeiten die Zusammenhänge zwischen Körper und Geist. Negativdenken und Stress haben eine direkte Auswirkung auf unsere Muskeln, deren Energieniveau dadurch bedingt absinkt. Führen Sie den Test mit einem Partner durch. Bitten Sie ihn, sich in eine Situation zurückzuversetzen, in der die Dinge für ihn nicht besonders gut liefen. Dabei soll er kurz sehen, hören und fühlen, was er erlebt hat. Bitte keine hochdramatischen Erlebnisse! Vorher und währenddessen soll er den rechten Arm seitlich ausgestreckt und die Handfläche nach unten halten. Sie legen von Anfang an Ihre Hand auf seinen Unterarm. Wenn er in die Situation eingetaucht ist und diese wieder nachempfinden kann, soll er nicken. Daraufhin drücken Sie den Arm nach unten. Sie werden spüren, dass dies relativ leicht ist. Bitten Sie ihn anschließend, sich eine erfolgreiche und angenehme Situation vorzustellen und wiederholen Sie den Druck auf den Arm. Es wird Ihnen kaum gelingen, den Deltamuskel zu beugen. Ihr Partner wird wesentlich mehr Energie zur Verfügung haben und das Schultergelenk sperren. Ein deutlicher Beweis für die Schwächung des Körpers durch negative Gedanken.

Alle Menschen strahlen Energie aus, einige mehr, andere weniger. Ist jemand deprimiert oder schlecht gelaunt, braucht er gar nichts zu sagen – das schwache Energieniveau ist geradezu spürbar. Das ist auch ein Grund, warum einige Menschen immer wieder zu Opfern werden. Bei frisch Verliebten oder Menschen, die soeben einen großen Erfolg hatten, sieht die Sache hingegen völlig anders aus. Sie »sprühen« ihre Energie geradezu heraus.

Mit positivem Selbstmanagement und den richtigen inneren Worten haben Sie die Möglichkeit, diese Kraft und Energie ebenfalls auszustrahlen. Damit werden Sie zu einem geschätzten Gesprächspartner, man wird Ihre Nähe suchen. Sie werden zu einem »Sympathieträger« – die beste Voraussetzung für Erfolge in Beruf und Privatleben. Schauen Sie sich erfolgreiche Menschen an, die in der Öffentlichkeit stehen. Sie haben diese Ausstrahlung. Auch durch meine langjährige Erfahrung als Unternehmensberater kann ich bestätigen, dass die erfolgreichen Führungspersönlichkeiten diese besondere Ausstrahlung haben.

> Wir steuern unsere Energie durch unsere Gedanken – daher haben wir es selbst in der Hand, kraftvoll und überzeugend im Leben aufzutreten!

Gelingt Ihnen einmal etwas nicht, ist es wenig Erfolg versprechend, sich zu ärgern oder zurückzuziehen. Akzeptieren Sie unerwünschte Resultate, sehen Sie diese als Lernfaktor und machen sogleich weiter, jedoch mit einem neuen, anderen Ansatz. Die Geschichte der menschlichen Weiterentwicklung ist immer auf »Fehlern« aufgebaut. Aus unerwünschten Ergebnissen zu lernen, bedeutet Erfolgsgeschichten zu schreiben. Edison ist einmal gefragt worden, ob er nicht deprimiert gewesen sei, erst nach dem dreihundertsten erfolglosen Versuch die Glühbirne erfunden zu haben. Die Antwort war deutlich und zeigte klar seine Denkstrategie: »Nein, wieso deprimiert? Ich erkannte doch immer genau, was alles nicht funktioniert!«

Einer der »Erfinder« des modernen Qualitätsmanagements in der Industrie, W. E. Deming, hat es so formuliert: »Null Fehler ist der Weg ins Abseits.« Denn ohne Fehler gibt es keine Weiterentwicklung. »Fehler« dürfen also vorkommen – allerdings sollte derselbe Fehler nur einmal auftreten! Einen Fehler in etwas zu sehen, ist eine Frage der persönlichen Landkarte oder der Sichtweise. Marlene Dietrich hat einmal gesagt:

> »Ich würde alle Fehler meines Lebens wieder machen, nur früher, sodass ich sie besser genießen kann.«

Es ist wichtig zu erkennen, dass es kein Richtig oder Falsch im Leben gibt. Es kann immer nur ein Nützlich oder weniger Nützlich geben. Beide Aussagen beinhalten einen mehr oder weniger großen Ausblick auf die Zukunft. Mit dieser Sicht der Dinge lassen sich neue Herausforderungen deutlich besser angehen als mit einem »Misserfolg« in der Vergangenheit! Streichen Sie daher das Wort »Misserfolg« aus Ihrem Gehirn. Misserfolge gibt es gar nicht, denn man hat gehandelt und lediglich noch nicht das gewünschte Ergebnis erhalten. Das unerwünschte Ergebnis ist also nur eine Rückmeldung (Feedback) auf die eigene Aktion, nicht mehr und nicht weniger. Nun können Sie mit einem neuen, anderen Ansatz das Ziel weiter verfolgen. Programmieren Sie sich auf Erfolge (Ziele), und das mit günstigen Worten. So hat Ihr Gehirn eine gute Chance, gesetzte Ziele zu erreichen. Entwickeln Sie Flexibilität auf dem Weg zu Ihren Zielen. Ein schlauer Mensch hat einmal gesagt, erfolgreich zu sein bedeute, ein Mal mehr aufzustehen als hinzufallen. Dem kann ich nur zustimmen. Viele große Dinge dieser Welt haben nicht auf Anhieb funktioniert. Falls Sie etwas nicht sofort erreichen, schauen Sie sich das Ergebnis an und machen es noch einmal, nur eben anders. Verändern Sie Ihre Vorgehensweise so lange, bis Sie erfolgreich sind!

> »Ein Misserfolg ist die Chance, es beim nächsten Mal besser zu machen.«
>
> *Henry Ford*

Wenn Sie z. B. ein Bild aufhängen wollen und den Nagel nicht in die Wand bekommen, schlagen Sie bitte nicht mit einem größeren Hammer darauf, sondern überlegen, wie Sie besser zum Ziel kommen. Versuchen Sie es doch mal mit einer Schraube.

- Wenn Sie in der Kindererziehung mit Druck nicht weiterkommen, macht es kaum Sinn, den Druck zu erhöhen.
- Wenn eine Gehaltserhöhung die Mitarbeiter kaum motiviert, hat es keinen Sinn, die Beträge zu erhöhen.
- Wenn in einer Argumentationskette eine Aussage nicht sticht, ist es besser, nach einer anderen Begründung zu suchen, als sie immer vehementer zu wiederholen.
- Wenn Sie ein Produkt oder eine Dienstleistung verkaufen wollen und Ihre Argumente ihre Wirkung verfehlen, suchen Sie nach einem anderem Nutzen bzw. Vorteil für den Käufer.

> »Nur ein Narr macht keine Experimente!«
> *Charles Darwin*

Wie schaffen es einige Menschen, schon am Morgen gute Laune zu haben? Eine geniale Technik ist es, sich einige Minuten vor dem Aufstehen Zeit zu nehmen und sich selbst nützliche Fragen zu stellen. Wir haben es selbst in der Hand, unsere Stimmungslage zu verbessern. Wir können unsere Stimmung willentlich beeinflussen! Mit Hilfe eines günstigen inneren Dialogs versetzen wir uns selbst in einen guten Zustand. Wenn Sie die »richtigen« Fragen stellen, bekommen Sie auch die Antworten, die helfen, Ihren Zustand zu verbessern.

Stellen Sie sich die folgenden Fragen und halluzinieren dazu die entsprechenden Bilder oder Situationen.

Fragen für jeden Morgen, am besten vor dem Aufstehen:
- Womit bin ich in meinem Privatleben absolut zufrieden?
- Mit welchen Dingen in meinem beruflichen Leben bin ich absolut zufrieden?
- Worauf bin ich besonders stolz?
- Was kommt heute an Positivem auf mich zu?
- Wofür bin ich zurzeit in meinem Leben besonders dankbar?
- Wen liebe ich und wer liebt mich?

Fragen am Abend vor dem Einschlafen:
- Was war am heutigen Tag besonders gut?
- Wer von meinen Mitarbeitern oder Kollegen war in den letzten Tagen besonders nett zu mir und hat mir evtl. sogar gedankt oder mich gelobt? Was genau habe ich dazu beigetragen?
- Was habe ich heute gelernt?
- Was erwartet mich morgen an schönen Dingen?

Also bitte nicht: Womit bin ich nicht unzufrieden? Was war heute nicht schlecht? Etc.

Mit diesen Fragen programmieren Sie sich auf Erfolge und versetzen sich damit in einen guten Zustand. Entscheidend ist, sich diese Situationen vorzustellen und im

Inneren zu erleben. Oder nehmen Sie sich einmal eine halbe Stunde Zeit für sich selbst und schreiben Ihre Stärken und Schwächen auf einen Zettel. Wahrscheinlich stehen nachher mehr Schwächen als Stärken auf dem Zettel, das ist normal für unsere eingefahrenen Denkstrukturen. Haben Sie mehr Stärken als Schwächen notiert, sind Sie bereits auf einem guten Weg. Nun konzentrieren Sie sich auf Ihre Stärken und spiegeln sich erfolgreiche Situationen, in denen Ihre Stärken voll zum Tragen kommen. Stellen Sie sich Situationen, in denen Sie Ihre Stärken erlebt haben, noch einmal intensiv vor. Das ergibt immer einen guten Zustand, und der ist eine hervorragende Kraftquelle!

Positives Selbstmanagement ist die erste Voraussetzung für beruflichen Erfolg. Entscheidend ist ebenfalls eine günstige Einstellung zu Kollegen – und insbesondere zu sich selbst!

Zum Thema positives Selbstmanagement und innere Dialoge eine wirklich wunderschöne Geschichte:

Der Großvater sitzt mit seiner Enkelin zusammen. Er hatte gerade noch einen harten Disput mit einem Bekannten und war dabei – wie er es sah – sehr unfair und ungerecht behandelt worden. Er sagt zu dem kleinen Mädchen: »Weißt du, manchmal habe ich das Gefühl, dass sich zwei Wölfe in mir streiten. Der eine ist sehr böse, rachsüchtig, gemein und will den Menschen schaden, die mir etwas angetan haben. Der andere ist gütig, möchte verzeihen und Frieden mit den Mitmenschen. Und diese beiden Wölfe kämpfen nun einen wilden Kampf in mir.«

Da fragt das Mädchen etwas ängstlich: »Um Himmels Willen, Großvater, wer gewinnt denn nun diesen Kampf?«

Der Großvater lächelt und sagt: »Natürlich der Wolf, den ich füttere!«

Modifizierter EQ-Test nach Daniel Goleman

Nehmen Sie sich bitte ausreichend Zeit für den Test. Nur so können Sie später wertvolle Hinweise erhalten.

Stellen Sie sich die geschilderten Situationen genau vor, um herauszufinden, was Sie wirklich tun würden. Antworten Sie also genau so, wie Sie tatsächlich handeln würden, und nicht, wie es irgendeinem Ideal entspricht. Suchen Sie bitte nicht die vermeintlich richtige Lösung.

Es kann bei jeder Situation eine oder mehrere richtige Antworten geben.

1. Während eines Fluges gerät Ihr Flugzeug in heftige Turbolenzen und der Flugkapitän macht folgende Durchsage: »Meine Damen und Herren, bitte schnallen Sie sich unverzüglich an. Wir werden gleich ein Gebiet mit sehr schlechten Wetterverhältnissen durchfliegen.« Was tun Sie?

a. Sie schnallen sich an und ignorieren weitgehend die Durchsage. Sie lesen weiter und versuchen nicht darauf zu achten bzw. Sie konzentrieren sich auf etwas anderes. Sie tun also so, als ob alles in Ordnung sei.

b. Sie lesen die Anweisungen für Notfälle in den Sitztaschen noch einmal durch und bereiten sich auf einen Notfall vor.

c. Sie machen ein wenig von a und b.

d. Sie können nicht sagen, wie Sie reagieren, denn Sie haben so etwas noch nie erlebt.

2. Sie sind als Mutter/Vater mit einer Schar vierjähriger Kinder auf einem Spielplatz. Ein kleiner Junge fängt plötzlich an zu weinen, weil die anderen nicht mehr mit ihm spielen wollen. Was tun Sie?

a. Sie sagen sich, dass die Kinder das selbst regeln sollen und dass sie das schon hinbekommen werden.

b. Sie sprechen den Jungen an und fragen ihn, was er tun könnte, damit die anderen wieder mit ihm spielen.

c. Sie trösten den Jungen.

d. Sie versuchen ihn abzulenken: »Komm wir spielen etwas anderes.«

3. Als Schüler der Oberstufe haben Sie in einer Arbeit eine Zwei erwartet. Leider kam es anders und es ist lediglich eine Vier geworden. Wie gehen Sie damit um?

a. Sie setzen sich das Ziel, bei der nächsten Arbeit eine Zwei zu bekommen und schmieden einen Plan, wie Sie sich verbessern können.

b. Sie beschließen, dass so etwas nicht mehr vorkommt.

c. Sie trösten sich und denken, dass Sie in den anderen Fächern ja wesentlich besser sind.

d. Sie gehen zum Lehrer und verlangen, er solle die Note verbessern.

4. Sie sind Versicherungsvertreter und verkaufen per Telefon. Nach 15 Anrufen haben Sie immer noch keinen Abschluss gemacht. Was machen Sie?

a. Sie denken, dass es heute eben nicht gut läuft und beenden Ihre Aktion, denn morgen ist ja auch noch ein Tag.

b. Sie fragen sich, was Sie falsch gemacht haben und wo bei Ihnen der Fehler liegt. Was brauchen Sie noch, um besser zu werden?

c. Sie machen weiter und versuchen einfach mal etwas Neues.

d. Das scheint wohl nicht die Art von Arbeit zu sein, für die Sie geboren sind. Sie suchen sich einen neuen Job.

5. Sie sind leitender Manager in einer Gesellschaft für multikulturelle Entwicklung. Sie leiten eine Besprechung, und einer Ihrer Mitarbeiter reißt dabei einen üblen rassistischen Witz. Wie gehen Sie damit um?

a. Sie ignorieren den Vorfall. Es handelte sich ja nur um einen geschmacklosen Scherz.

b. Sie zitieren den Mitarbeiter nach dem Gespräch zu sich und weisen ihn zurecht.

c. Sie machen vor der versammelten Mannschaft klar, dass diese Art von Scherz unangebracht ist und nicht akzeptiert oder toleriert werden kann.

d. Sie schlagen dem Mitarbeiter eine soziale Weiterbildungsmaßnahme vor.

6. Ihr Freund ist maßlos sauer, weil er auf der Autobahn von einem Sportwagenfahrer heftig bedrängt wurde, der dabei gefährlich nah aufgefahren war.

a. Sie beruhigen ihn und sagen: »Das bringt doch nichts. Es ist ja nichts passiert.«

b. Sie schlagen vor, heute Abend mit ihm ein Bier trinken zu gehen.

c. Sie ergreifen sofort vehement für ihn Partei und schimpfen über das Rowdytum auf unseren Autobahnen.

d. Sie erklären, dass sie so etwas auch schon erlebt haben und dass Sie seinen Ärger verstehen können. Nach einigen Überlegungen seien Sie damals zu der Erklärung gelangt, dass der Sportwagenfahrer vielleicht so handelte, weil er einen Angehörigen in die nächste Klinik bringen musste.

7. Sie haben einen heftigen Streit mit Ihrem/Ihrer Partner/in. Sie spüren, dass kaum noch sachliche Argumente angebracht, sondern lediglich persönliche Attacken geritten werden. Was ist das Beste in einer solchen Situation?

a. Sie beschließen eine Pause von zwanzig Minuten und reden danach weiter.

b. Sie beenden für sich das Gespräch und werden ganz ruhig, egal was der/die andere tut.

c. Sie entschuldigen sich für Ihr Verhalten und schlagen vor, dass die/der andere das auch machen sollte.

d. Sie sammeln Ihre Gedanken und denken einen Augenblick sachlich über die Situation nach und beschreiben diese.

8. Sie werden zum Projektleiter bestimmt und sollen mit Ihrem Team eine neue, schwierige Aufgabe lösen. Wie ist Ihre Strategie?

a. Sie stellen der Gruppe Ihren Plan vor und lassen ihn von Ihrem Team diskutieren.

b. Sie geben der Gruppe erst einmal ausreichend Zeit, damit sie sich kennen lernen kann.

c. Sie fragen reihum jeden, was er/sie dazu beitragen kann und diskutieren die Ideen.

d. Sie führen ein Brainstorming durch, weil alle Ideen willkommen sind.

9. Ihr dreijähriger Sohn ist übersensibel. Neue Menschen und Situationen ängstigen ihn immer wieder. Wie gehen Sie damit um?

a. Sie akzeptieren ihn so, wie er ist, und beschützen ihn vor Dingen, die ihn ängstigen.

    b.   Sie machen einen Termin bei einem Kinderpsychologen.

    c.   Sie konfrontieren ihn von nun an häufiger mit neuen Situationen, damit er lernen kann, damit umzugehen.

    d.   Sie zeigen ihm nach und nach, wie man mit solchen Situationen umgeht.

10. Sie beschließen, das Instrument, das Sie in der Kindheit bereits erlernt, jedoch lange vernachlässigt haben, wieder häufiger zu spielen. Wie vereinbaren Sie das mit Ihrer knappen Zeit?

    a.   Sie machen einen Übungsplan und trainieren von nun an täglich und konsequent.

    b.   Sie wählen zu Beginn leichtere Stücke, die Ihre Fähigkeiten nicht überfordern.

    c.   Sie üben nur dann, wenn Sie Lust dazu haben.

    d.   Sie spielen nur die schwierigen Stücke, bis Sie diese wirklich gut beherrschen.

Addieren Sie nun die Punkte für jede Antwort:

1.   a = 20, b = 20, c = 20, d = 0
Die ersten drei Antworten sind alle gut und hilfreich. Die Antwort d verweist auf einen Mangel an Gespür für Stresssituationen.

2.   a = 0, b = 20, c = 0, d = 0
Die Antwort b ist die Beste. Emotional intelligente Eltern coachen ihre Kinder. Sie helfen ihnen, sich darüber klar zu werden, wie Situationen entstanden sind und vor allen Dingen, wie Lösungen aussehen können.

3.   a = 20, b = 0, c = 0, d = 0
Antwort a: Entscheidend für Erfolg und Selbstmotivation ist die Fähigkeit, sich Ziele zu setzen. Danach sollte ein Plan entworfen werden (Prozesse, Ressourcen, Hilfsmittel), um das angestrebte Ziel zu erreichen.

4.   a = 0, b = 0, c = 20, d = 0
Antwort c: Nur diese Antwort zeigt Optimismus und Flexibilität. Unerwünschte Resultate als Herausforderung zu sehen ist häufig der erste Schritt zu einem befriedigenden Ergebnis. Pessimismus dagegen bedeutet Resignation und Selbstvorwürfe.

5.   a = 0, b = 0, c = 20, d = 0
Nur in der Antwort c wird Ihr Standpunkt für alle wirklich deutlich. Diese Art von Scherzen passt nicht in eine Organisation mit diesem Auftrag. Anstatt die Menschen dazu zu bringen, ihr Verhalten zu ändern und sie umzuerziehen, ist es häufig einfacher, dieses Verhalten in aller Öffentlichkeit abzulehnen.

6.   a = 0, b = 5, c = 5, d = 20
Antwort b und c sind auch relativ gut. Antwort d ist jedoch vorzuziehen, denn

emotional aufgebrachte Menschen sind häufig am besten zu beruhigen, wenn man sie ablenkt, verständnisvoll auf sie eingeht und eine weniger stressige Sicht der Dinge anbietet.

7. $a = 20, b = 0, c = 0, d = 0$
Zwanzig Minuten Pause sind sinnvoll. Denken Sie an die physiologischen Folgen des Stresses. Bis die Stresshormone Adrenalin und Noradrenalin wieder abgebaut sind und Sie wieder Zugang zu Ihren kreativen Bereichen im Gehirn haben, braucht es diese Zeit. Danach sind die Voraussetzungen deutlich besser, gemeinsam zu einem guten Ergebnis zu kommen.

8. $a = 0, b = 20, c = 0, d = 20$
Kreativität verlangt Wohlbefinden, deshalb ist es die wichtigste Voraussetzung für ein gutes Ergebnis, die Gruppe kennen zu lernen.

9. $a = 0, b = 5, c = 0, d = 20$
Der Kinderpsychologe ist sicher eine gute Adresse. Entscheidend für die Entwicklung des Kindes wird es jedoch sein, nach und nach durch lösbare Aufgaben und Anforderungen die Scheu überwinden zu lernen.

10. $a = 0, b = 20, c = 0, d = 0$
Sich moderate, lösbare Aufgaben zu stellen, bietet die Gewähr für gute Ergebnisse und Fortschritte. Ansonsten fehlt häufig die Motivation weiterzumachen.

Das Ergebnis gibt Ihnen Aufschluss darüber, für wie emotional intelligent Sie sich im Vergleich zu anderen Menschen einschätzen dürfen:

180 bis 200 Punkte = Genial
100 Punkte = Durchschnittlich entwickelter EQ
0 Punkte = Na ja, testen Sie sich morgen noch einmal

Ein anderer Rahmen

Herbert von Karajan bei einem seiner großen Konzerte. Der Meister dirigiert schon über eine Stunde hochkonzentriert. Das Publikum lauscht verzückt und ist begeistert von der Leistung des Dirigenten und des Orchesters. An einer ruhigen Stelle erhebt sich in der letzten Reihe ein Mann und ruft plötzlich laut und deutlich, sodass es jeder hören kann: »Ist ein Arzt im Saal?« Karajan, leicht irritiert, fährt trotzdem fort und konzentriert sich auf die Partitur. Nach zehn Minuten derselbe Rufer aus der letzten Reihe mit derselben Frage. Das Orchester stockt, Karajan blickt irritiert nach hinten. Trotzdem, niemand meldet sich. Karajan setzt leicht verärgert das Konzert fort. Nach zwanzig Minuten der gleiche Ruf: »Ist ein Arzt im Saal?« Nun ist es zu viel, Karajan lässt den Taktstock sinken, das Publikum murmelt. In der dritten Reihe steht jemand auf, dreht sich um und ruft zurück: »Ja, hier!« Darauf der Rufer aus der letzten Reihe: »Ist es nicht ein wunderschönes Konzert, Herr Kollege?«

Jeder, der diesen Witz liest, glaubt, dass es sich bei dem Ruf aus der letzten Reihe um einen Notfall handeln muss. Denn eine Frage wie »Ist ein Arzt im Saal?« ist aus der eigenen Erfahrung heraus bekannt. Hier jedoch hat der Rufer einen anderen Bezugsrahmen für seine Frage. Übrigens beruhen die meisten Witze auf dem Prinzip, eine Situation umzudeuten, ihr einen anderen Rahmen zu geben.

Häufig sind Menschen mit sich und den eigenen Fähigkeiten unzufrieden. Sie kritisieren ihr Verhalten und halten sich für unfähig, in bestimmten Situationen angemessen zu reagieren. Mit einer Umdeutung hat man jedoch die Möglichkeit, dem eigenen Verhalten einen neuen Bezugsrahmen zu geben. Dies ist eine sehr effektive Möglichkeit, altes Verhalten neu wahrzunehmen und damit evtl. sogar würdigen zu können. Vereinfacht gesagt wird die ungünstige Erfahrung in eine günstige umgewandelt. Ein eigenes »Problemverhalten« wird damit unter Umständen sogar zu einer Fähigkeit!

Wer glaubt, einen Fehler begangen zu haben, sollte den Fehler als Lernfaktor (neuer Rahmen) verstehen und damit positiv nutzen. Paul Watzlawick hat dazu gesagt:

> »Es reicht aus, die Bewertung des Problems zu verändern, anstatt das Problem zu verändern.«

Oder wie es der Volksmund treffend sagt: »Watt dem ein sin Uhl, is dem anneren sin Nachtigall.«

Alle Märchen beruhen auf dem Prinzip, den Bezugsrahmen zu verändern, auch

Reframing (engl. frame = Rahmen; Reframing = Verändern des Bezugsrahmens) genannt. Auch in der Werbung wird Reframing sehr häufig genutzt. Da wird schädliches Nikotin umgedeutet in das Erleben von Freiheit und Abenteuer oder das Trinken von Limonade als Empfinden der »Pepsi-Generation«. Ganze Werbeschlachten werden mittels Reframing geführt. Daimler-Benz war z. B. jahrelang die Nobelmarke in der deutschen Autolandschaft. Das blieb bis Mitte der 60er- und Anfang der 70er-Jahre so. Die Firma war bekannt für noble und solide schwäbische Qualität. BMW wollte zu dieser Zeit an die Erfolge von Daimler-Benz anknüpfen. Nun macht es wenig Sinn, mit den gleichen Argumenten in den Markt zu gehen, etwa: »Wir bauen noch solidere und zuverlässigere Autos.« BMW gab dem Autofahren einen völlig neuen Bezugsrahmen, der genau den Nerv einer aufstrebenden Gesellschaft traf. Der Slogan »Freude am Fahren« gab dem Vorgang »Autofahren« eine andere, neue Bedeutung. BMW positionierte die Marke als sportlich, jung und modern. Der BMW- Fahrer sollte das Auto nicht mehr als bloßes Fortbewegungsmittel empfinden, sondern Spaß dabei haben und ein neues Lebensgefühl genießen. Der Marke stand damit ein neu geschaffener Käuferkreis zu Verfügung.

Ähnliches gilt für die Nobelbekleidungsmarken. Für viele Menschen hat es eine große Bedeutung, ein Krokodil auf dem Poloshirt zu tragen, anderen ist das völlig gleichgültig. Auch bei vielen Kindern und Jugendlichen haben die Marken eine große Bedeutung und Anziehungskraft. Bei ihnen sollen sie jedoch meist cool wirken, um zu einer Gruppe dazuzugehören. Den Kids wird deshalb ein bestimmtes Image (Frame) verkauft.

Politiker sind wahre Meister des Reframings. Behauptet die Opposition, die Staatsverschuldung sei zu hoch, antwortet der Finanzminister, man investiere schließlich in die Bildung (Sicherheit, Straßenverkehr etc.) und damit in die Zukunft.

Gelingt es, dem eigenen Verhalten einen anderen Rahmen zu geben, haben Sie die Möglichkeit, das eigene Verhalten in einem neuen Kontext wahrzunehmen.

> Erfolgreiches Reframing ermöglicht nicht nur eine andere Sicht der Dinge. Es führt häufig zu einer positiveren emotionalen Bewertung!

Das Ziel ist, sich mit dem eigenen Verhalten zu versöhnen, also akzeptieren zu können, was zuvor abgelehnt und verurteilt wurde. Reframing ist die konsequente und logische Fortsetzung des positiven Denkens. Mit dieser Möglichkeit können Sie z. B. viele Erfahrungen positiv in Ihrem eigenen Unterbewusstsein abspeichern. Sie alle kennen das Beispiel des halb vollen oder halb leeren Glases. Oder:

- Wenn Sie sich z. B. über einen verregneten Tag ärgern, ist eine andere Sicht der Dinge, sich zu sagen, dass der Regen für den Garten gewinnbringend ist.

- Ein Arbeitskollege mit reichlich Übergewicht hat einmal behauptet, sein Übergewicht sei sinnvoll. An ihm käme schließlich niemand vorbei. Ihn könne nichts umwerfen, nichts aus dem Gleichgewicht bringen und er sei somit eine gewichtige Persönlichkeit.

- Falls Sie im Stau stehen, könnte Reframing bedeuten, den Stau für etwas Sinnvolles zu nutzen.

- Anstatt sich über den Drängler auf der Autobahn zu ärgern, können Sie sich sagen, dass er vielleicht dringend in die Klinik fahren muss oder einen sonstigen Notfall hat.

- Wer ein bestimmtes ungünstiges Verhalten bei sich selbst negativ findet, kann es umdeuten und damit würdigen. Ein Beispiel: Sie ärgern sich über Ihr aufbrausendes Temperament. Sie könnten sich sagen, dass dieses Verhalten überaus sinnvoll ist, wenn es gilt, sich energisch durchzusetzen; es ist also nicht grundsätzlich schlecht. Auf diese Weise gelingt es, das Verhalten an sich zu würdigen und sogar als positiv zu empfinden. Vielleicht findet man nun eine andere Situation (Rahmen), in der dieses Verhalten sehr wohl angebracht ist.

- Beklagt sich ein Kollege, sein Sohn sei aufsässig und höre überhaupt nicht mehr auf die Eltern, können Sie anregen, dieses pubertäre Aufbegehren als notwendige Entwicklungsphase zu akzeptieren. Gehört es doch zum Erwachsenwerden dazu, sich langsam von den Eltern zu lösen und eine eigene Meinung zu bilden.

- Einer Mitarbeiterin, die im Gespräch erklärt, sie sei zu schüchtern im Umgang mit ihren Kollegen, kann man sagen, dass es auch ein Ausdruck von Teamfähigkeit sein kann, nicht bei jeder Gelegenheit auf die Barrikaden zu steigen.

- Einem Kollegen, der klagt, er nehme sich zu wenig Zeit für die Familie und zu viel für den Sport, könnten Sie die Sichtweise anbieten, dass es wichtig ist, gesund zu bleiben, um lange für die Familie da zu sein.

> »Unser Leben ist das, was unsere Gedanken aus ihm machen.«
>
> *Marc Aurel*

Oder wie es William Shakespeare treffend ausgedrückt hat: »Es gibt nichts Gutes oder Böses, erst unsere Gedanken machen es dazu.«

Sie erkennen an den angeführten Beispielen, dass es nicht um richtig oder falsch geht, sondern nur um zweckmäßig, nützlich oder weniger nützlich bzw. unzweckmäßig. Wichtig ist, dass Sie sich selbst und anderen durch ein zur Persönlichkeit passendes Reframing ein Set aufbauen. Genauso wichtig ist natürlich auch die zielgerichtete Wortwahl des Frames, den Sie anbieten. Beispielsweise ist es in unserem ersten Fall wenig hilfreich, sich zu sagen, dass der Regentag für den Garten *nicht schädlich* ist. In allen Beispielen erkennt man sehr schnell, dass Reframings tatsächlich nun dann funktionieren, wenn man zielgerichtet formuliert!

Petra Schäfer, eine geschätzte Kollegin, hat es auf den Punkt gebracht. Sie ist der Meinung: »Man kann die unangenehmen Dinge im Leben so lange *reframen*, bis sie komisch wirken, und dann kommt man gut damit zurecht.« Genau das ist die Lösung für viele Alltagsprobleme: emotional einen anderen Bezug dazu zu bekommen. Sie können mit dieser Methode jede Erfahrung in einen nützlichen Rahmen für sich selbst oder Ihre Mitmenschen stellen und damit Konflikte auflösen.

> »Wer über etwas lachen kann,
> befreit sich davon.«
>
> *C. N. Parkinson*

Ein japanisches Sprichwort geht sogar noch weiter: »Wer lächelt, statt zu toben, ist immer der Stärkere.«

Falls Sie Ihre eigenen Erfahrungen in einen Wahrnehmungsrahmen gestellt haben, der Sie blockiert, helfen sie sich selbst, ihn zu ändern. So sind Sie selbst in der Lage, unangenehme Gefühle aufzulösen. Eine gute Möglichkeit, sich selbst zum Nachdenken zu bringen, sind Fragen oder Aussagen, die den Kontext umdeuten.

■ Falls Sie ein bestimmtes eigenes Verhalten ablehnen, fragen Sie sich, wie es wäre, wenn Sie überhaupt nicht dazu in der Lage wären, dieses Verhalten einzusetzen, wenn es Ihnen also auch nicht in einem anderen Kontext zur Verfügung stehen würde.

■ Sind in bestimmten Situationen sogar Vorteile durch dieses Verhalten zu erzielen?

■ Sagen Sie sich einfach: »Viele Menschen geben sehr viel Geld für diverse Therapien aus, um das zu beherrschen, was ich beklage!

Grundsätzlich gibt es zwei verschiedene Varianten des Reframings.

1. Das Kontextreframing

Das klassische Kontextreframing ist anzuwenden, wenn man dazu neigt, sich selbst zu sagen: Ich bin zu xy (dick, faul, vorlaut, ruhig, schwach, jähzornig etc.). Hier fehlt der Bezug, wozu man xy ist. Dieser ist getilgt worden und wird nicht mehr gesehen, gehört oder gefühlt. Es wird generalisiert: Ich bin immer zu xy! Dass dieses nicht in jedem Kontext so sein muss, liegt auf der Hand. Nun ist es Ihre Aufgabe, den passenden Kontext zu finden und sich selbst anzubieten. Wer ihn gefunden hat, kann das Verhalten würdigen, weil es nun nützlich erscheint.

Beispiel: »Ich bin zu gut für diese Welt.«

Anderer Frame: »Manchmal kann das sehr hilfreich sein, besonders in einer Partnerschaft.«

2. Das Bedeutungsreframing

Ein Bedeutungsreframing ist effektiv, wenn eine Ursache immer mit einer bestimmten Wirkung verknüpft wird.

- Wenn mein Mann am Tisch sitzt, liest er immer Zeitung.
- Wenn meine Frau einkaufen geht, gibt sie immer viel Geld aus.
- Wenn mein Kind kleckert, werde ich immer wütend.
- Wenn mein Mann am Wochenende zu Hause ist, muss er immer arbeiten.
- Wenn Frau Müller in die Firma kommt, hält sie uns immer von der Arbeit ab.
- Wenn Herr Meier zu spät zum Termin kommt, ärgere ich mich immer.
- Immer wenn mein Sohn nach Hause kommt, macht er die Wohnung schmutzig.

Die Struktur dabei ist, auf den Vorgang x immer wieder mit y zu reagieren. Die Aufgabe ist es nun, sich selbst einen anderen Rahmen für den Vorgang x zu geben, um nicht zwanghaft immer wieder die gleiche Reaktion zu produzieren.

Ein Beispiel für einen inneren Dialog: »Immer wenn mein Chef in den Raum kommt, schaut er genau auf meine Arbeit.«

Neuer Rahmen für den inneren Dialog: »Das ist doch toll, dass sich mein Chef so für meine Arbeit interessiert.«

Beispiel: »Wenn es regnet, kommen meine Kinder immer mit nassen Schuhen ins Haus und machen alles schmutzig.«

Neuer Rahmen: »Es ist schön zu sehen, dass es meinen Kindern im Trockenen nun gut geht.«

Der Psychotherapeut Thies Stahl hat ein schönes Beispiel für ein Bedeutungsreframing: Eine in einer Wohngemeinschaft lebende Klientin klagte, sie ärgere sich immer fürchterlich, wenn sie höre, dass ein bestimmtes Mitglied der WG im Stehen uriniere. Er bot an: »Wie schön wäre das, wenn ihr beide noch andere Wege hättet, euch wissen zu lassen, dass ihr Mann und Frau seid?«

> Nicht was wir erleben,
> sondern wie wir empfinden,
> was wir erleben,
> macht unser Schicksal aus.
> *Marie von Ebner-Eschenbach*

Warum Kinder vom Klettergerüst fallen, obwohl wir ihnen immer wieder sagen, dass sie nicht herunterfallen sollen

(von Annalisa Neumeyer, in: »Kindergarten heute« 11-12/95)

Kennen Sie diese Situation? Ein Kind erklimmt ein Klettergerüst, während ein Erwachsener bangend daneben steht und ruft: »Pass ja auf, dass du nicht runterfällst!« Das Kind klettert scheinbar unbeirrt weiter, der Erwachsene beobachtet es mit Argusaugen und wiederholt bei jedem Wackeln des Kindes seine Warnung. Fällt das Kind tatsächlich vom Klettergerüst, bekommt es zu hören: »Ich hab dir doch gesagt, du sollst nicht herunterfallen!«, oder »Ich hab doch gewusst, dass du herunterfällst.«

Fällt das Kind dagegen nicht, so wird dies kommentarlos hingenommen oder ihm wird – häufig in leicht vorwurfsvollem Ton – gesagt: »Jetzt hast du aber Glück gehabt.«

In Wirklichkeit war es jedoch nicht Glück, sondern vielmehr das »doppelte Können« des Kindes. Doppelt deshalb, weil es sich verstärkt auf sein Tun konzentrieren muss, wenn eine andere Person ihm »negativ« beizustehen versucht. Oft habe ich in der Zusammenarbeit mit Eltern und Erziehern erfahren, wie schwer es im Erziehungsalltag ist, eine einfache und positive Sprache im Umgang mit Kindern zu praktizieren. Die meisten Kommentare zum Handeln der Kinder sind »negativ« formuliert, d. h. sie drücken das aus, was nicht sein oder eintreffen soll. Obwohl den meisten Pädagogen und vielen Eltern die Wichtigkeit einer einfachen und positiven Kommunikation mit Kindern bekannt und in ihrem Denken selbstverständlich ist, merken sie im Alltag nicht, wie sie durch ungewollt negative Äußerungen (wie: »Hast du schon wieder keine Lust zum Spielen?«) viele Kinder verunsichern und demotivieren.

»Negativ motivieren« bedeutet, Kindern das mitzuteilen, was sie nicht tun sollen, von ihnen aber zu erwarten, dass sie das tun, was ihnen nicht mitgeteilt wurde. So sagen wir zum Beispiel: »Renne nicht auf die Straße!«, und erwarten dabei, dass das Kind auf dem Gehweg bleibt. Oder: »Wirf deine Jacke nicht schon wieder auf den Boden!«, und meinen damit, es soll seine Jacke an die Garderobe hängen.

Positiv motivieren dagegen heißt, dem Kind klar zu sagen, was von ihm erwartet wird, ihm eine gut verständliche und konkrete Handlungsanweisung zu geben. Die Verarbeitung »nein« oder »nicht« ist für das menschliche Gehirn wesentlich aufwendiger als die Umsetzung positiver Aussagen. Wenn ich Ihnen jetzt sage: »Denken Sie bloß nicht an ein blaues Krokodil!«, stellen Sie sich erst dieses himmelfarbene Ungetüm vor, um es dann im Gehirn »durchzustreichen« und stattdessen an etwas anderes zu denken. Gerade so geht es einem Kind, dem beispielsweise gesagt wird: »Fahr nicht so schnell mit dem Fahrrad!« Zunächst muss es sich das Schnellfahren vergegenwärtigen, dann diesen Gedanken aus dem Kopf verbannen und sich schließlich überlegen, was es stattdessen tun soll.

Die vielen »Nicht«-Sätze können wir uns sparen, denn sie bewirken allzu oft gerade das Gegenteil von dem, was wir erreichen wollten. Vor allem unsichere Kinder, denen viele Missgeschicke passieren, werden durch negatives Kommentieren oder Vorhersagen noch mehr aus dem Lot gebracht. Aus Angst vor Misserfolgen ziehen sie sich von vielen Beschäftigungen zurück. Packen sie doch etwas an, werden dabei aber ständig auf das hingewiesen, was passieren könnte, und nicht darauf, wie sie eine Sache tun könnten, werden die als Hilfe gedachten, aber negativ formulierten Aussagen leicht zur »sich selbst erfüllenden Prophezeiung«.

Erneutes Scheitern wirft ein ohnehin für seine »Ungeschicktheit« sensibilisiertes Kind zurück, blockiert Entwicklungsschritte und beeinträchtigt das Selbstwertgefühl. Ich habe beobachtet, wie solche Kinder in einer Gruppensituation zum »Buhmann« werden. Ein Junge warf immer wieder gebaute Türme aus Versehen um. Wenn er in die Bauecke wollte, riefen sofort viele Stimmen: »Wirf ja nicht schon wieder unseren Turm um!« Schließlich bekam er sogar ein Verbot, in die Bauecke zu gehen, wenn bereits Gebautes da stand. Wie sollte er so Neues erlernen?

Bei meiner langjährigen Tätigkeit als Heilpädagogin an einer Beratungsstelle für entwicklungsverzögerte und behinderte Kinder ist mir deutlich bewusst geworden, wie gerade Kinder mit Problemen in der Wahrnehmungsentwicklung oder Kinder mit Entwicklungsverzögerungen bei ihren Spiel- und Bewegungshandlungen verstärkt negativ kommentiert werden. Das Augenmerk gilt meist dem, was das Kind nicht kann. Stattdessen sollten wir den Blick auf seine Fähigkeiten richten und diese erweitern. Nur so wird es schrittweise lernen, seinen Alltag zu »meistern«, und sicherer und selbstbewusster werden. Bei einer Fortbildung zu diesem Thema wurde einer Erzieherin bewusst, dass die Kinder immer, wenn sie zum Händewaschen gehen, folgende Anweisung erhalten: »Aber spritzt ja nicht mit dem Wasser herum!«

Sollten die Kinder diese Leidenschaft wirklich einmal vergessen haben, werden sie gerade durch die Anweisung wieder daran erinnert. Die Erzieherin berichtete dementsprechend, dass die Kinder tatsächlich jedes Mal mit dem Wasser spritzen. Ich will damit nicht sagen, dass die positive Motivation (»Geht zum Händewaschen und kommt gleich wieder zurück!«) diese Kinder vom geliebten Wasserspiel abhalten kann, aber mit der negativen Intervention kann nur schwerlich ein neues Verhalten eingeübt werden.

Besonders in Notsituationen ist es wichtig, dass Kinder konkrete Bilder von dem, was sie tun sollen, gegenwärtig haben. Einem noch unsicher Fahrrad fahrenden Kind, das wegen zu hoher Geschwindigkeit gegen eine Wand zu prallen droht, ist kaum geholfen, wenn ein Erwachsener ruft: »Fahr nicht so schnell!« Hier muss klar das Wort »bremsen!« gerufen werden! Eine Mutter berichtete mir, dass ihr Kind in Brennnesseln gefallen war und starke Schmerzen erlitten hatte. Als sie einige Zeit später beobachtete, wie das Kind wieder ganz nah an Brennnesseln vorbeilief, rief sie: »Jenny, Vorsicht, fall nicht in die Brennnesseln!« Das Mädchen erschrak und zuckte so sehr zusammen, dass es ein zweites Mal in die Brennnesseln fiel. Im Nachhinein war die Mutter sich sicher, dass ihre Tochter ohne den Warnruf nicht gefallen wäre. »Fall nicht!« – die Wirkung der negativen Sprache!

Warum setzen wir so oft »Nicht-Sätze« ein?

Wie in vielen Bereichen unseres Alltags, so denken wir auch in der Arbeit mit Kindern häufig problemorientiert. Einseitig überlegen wir, was alles nicht sein soll, anstatt Ziele für erwünschtes Verhalten, das an die Stelle des unerwünschten treten soll, ins Auge zu fassen. Doch selbst wenn wir uns bemühen, positive Ideen umzusetzen, können »Negativsätze« fast unbemerkt und ungewollt leicht »herausrutschen«, denn in der Erziehung von Kindern werden wir häufig mit Situationen konfrontiert, in denen eine drohende negative Folge uns zum Eingreifen zwingt. Ein Kind ist beispielsweise eben im Begriff, eine Wäscheklammer über das Balkongeländer zu werfen. Die Mutter sieht das, denkt an die im Garten weilenden Nachbarn, die das über drei Stockwerke hinweg zum Geschoss werdende Objekt treffen könnte, und ruft erschreckt: »Nein, nicht schmeißen!«, statt etwa: »Stopp, leg die Wäscheklammer zu den anderen zurück!« In diesem wie in vielen anderen Beispielen ist also die »Negativ-Intervention« schlicht die leichtere, weil in unseren Köpfen im Moment des Eingreifens die negative Folge das Denken beherrscht. Sicher ist es nicht immer möglich, positiv zu intervenieren. Wir könnten dies aber viel häufiger gewinnbringend tun, wenn wir uns den sprachlichen Umgang mit unseren Kindern bewusst machen würden.

Wie kann positive Sprache im Alltag eingesetzt und eingeübt werden?

Positive Interventionen sollen dem Kind das geben, was es für erfolgreiches Handeln braucht, nämlich eine klare und präzise, leicht zu verstehende Beschreibung dessen, was es tun soll. Das bedeutet, eindeutige Grenzen, Regeln und Erziehungskonsequenzen zu setzen, statt dem Kind mit vielen Umschreibungen und überlangen Dialogen (die hin und wieder an »Kuhhandel« erinnern mögen) alle Regeln haarklein zu erklären.

Ebenso wenig kann es Ziel sein, die Wörter »nein« und »nicht« aus unserem Vokabular zu streichen. Dies ist unrealistisch und würde Kinder unnötig verwirren. Im Folgenden führe ich Beispielsätze für negative Interventionen aus dem Kindergartenalltag auf, die Erzieherinnen während eines Fortbildungskurses sammelten und dann umformulierten. Diese Beispiele können helfen, Sprachverhalten bewusster wahrzunehmen und – wenn nötig – umzugestalten.

Verkleckere nicht das Essen!	Versuch, den Löffel mit deiner Hand zum Mund zu nehmen. / Iss über dem Teller.
Pinkel nicht wieder über die Klobrille!	Setz dich auf die Klobrille und halte dich am Griff fest.
Steig nicht die Leiter zum Wickeltisch hoch.	Bleib unten stehen und warte, bis ich komme.
Schmatze nicht beim Essen!	Lass den Mund beim Essen zu!
Fass nicht alle Brote an!	Schau hin, welches Brot du willst, und nimm es dann!
Du sollst nicht mit dem Essen matschen!	Nimm den Löffel in die Hand!
Gieß dir nicht so viel Tee ein!	Gieß die Tasse nur halb voll, du kannst nachher noch mal nehmen!
Aber nicht, dass du wieder mit dem Stift so stark drückst, dass der Stift abbricht!	Versuch, den Stift ganz zart aufzusetzen!
Werft die Malkittel nicht auf den Boden!	Hängt die Malkittel an den Haken!
Nimm nicht so viel Kleber!	Ein Tropfen genügt!
Pass auf, dass du den Turm nicht umwirfst!	Geh ganz langsam und behutsam an den Turm!
Reißt nicht alle Kleider aus der Verkleidungskiste!	Nehmt nur die Kleider raus, die ihr braucht!
Nicht die Treppe runterschubsen!	Haltet euch fest und geht langsam die Treppe runter!
Rennt nicht auf die Straße!	Bleibt auf dem Gehweg!
Spring nicht vom Turm herunter!	Ich habe Angst, wenn du von da oben runterspringst. Klettere herunter, achte auf deine Hände und Füße!
Werft nicht mit Sand!	Der Sand ist zum Bauen da, wenn ihr werfen wollt, nehmt die Bälle.

Unklare Sätze, d. h. Aufforderungen, die verschiedene Deutungen zulassen und durch konkrete positive Anregungen ersetzt werden sollten, sind in der Alltagspädagogik beispielsweise:

- Stell dich nicht so dumm an!
- Reg mich nicht auf!
- Ich bin doch nicht schwerhörig.
- Iss anständig!
- Sei lieb!
- Sei brav!

Sehr beliebt ist auch der Satz: »Alle räumen auf!«, der für manche Kinder sehr schwer in Handlung umzusetzen ist, weil sie nicht wissen, was genau damit gemeint ist. Es scheint, als wollten diese Kinder sich drücken, dabei fehlen ihnen nur klare Anweisungen, wie zum Beispiel: »Die Bausteine kommen in die blaue Kiste; stell das Bilderbuch ins Regal zu den anderen Büchern!« Manche Kinder tragen die Spielsachen von einer Ecke in die andere, weil sie dies mit dem Begriff »aufräumen« verbinden. Womöglich werden sie bestraft, weil sie anscheinend nicht aufräumen, obwohl sie doch gar nicht wissen, was sie tun sollen.

Ein Experiment am »eigenen Leib« kann die Situation erfahrbar machen, die Kinder erleben, wenn sie immer wieder mit negativen Aufforderungen konfrontiert sind. Führen Sie eine x-beliebige Beschäftigung (z. B. einen kleinen Text schreiben) durch und beauftragen Sie eine andere Person, Sie negativ intervenierend zu begleiten (Ihre Begleitperson sagt zum Beispiel: »Aber nicht, dass du wieder so viele Fehler machst! Mach nicht schon wieder so schnell! Schreib nicht so schlampig!«, und dergleichen mehr). Wie erleben Sie die Situation? Mit hoher Wahrscheinlichkeit haben Sie bemerkt, dass Sie a) unkonzentriert wurden und b) die Aufgabe nur äußerst mühevoll und genervt durchführen konnten. Darüber hinaus fiel das Ergebnis nicht zu Ihrer Zufriedenheit aus.

Wenn Sie nun angeregt sind, selbst Ihre Sprache »aufs Korn zu nehmen«, sollten Sie nicht von heute auf morgen alles umkrempeln wollen, sondern sich kleine Ziele setzen. Vielleicht beobachten Sie sich selbst erst einmal eine begrenzte Zeit. Höchstwahrscheinlich fangen Sie ganz automatisch an, Aufforderungen und Anregungen anders zu formulieren.

Vielleicht können Sie dann Ähnliches erleben wie eine Erzieherin, die nach einem Fortbildungskurs bewusst mit negativer und positiver Intervention »gespielt« hat. Beim Turnen teilte sie für ein Spiel jedem Kind einen japanischen Papierball aus und sagte dazu: »Ich möchte nicht, dass ihr die Bälle kaputt macht. Sie dürfen nicht gedrückt und an die Wand geworfen werden, weil sie sonst kaputtgehen.« In dieser Stunde gingen sechs von sechzehn Bällen kaputt. Als sie eine Woche später beim Turnen wiederum die Papierbälle verteilte, sagte sie: »Geht vorsichtig mit den Bällen um und bringt sie heil wieder zurück!« In dieser Stunde »überlebten« vierzehn von sechzehn Bällen. Zufall? Probieren Sie's aus – viel Erfolg!

Wenn sie mehr über Annalisa Neumeyer erfahren wollen, schauen Sie doch ins Internet: www.therapeutisches-zaubern.de

Schlussfolgerungen

Der Wunsch der meisten Menschen ist es, erfolgreich und zufrieden zu leben. Zwei Grundvoraussetzungen benötigt man dafür:

1. Einen guten Kontakt zu anderen
Dieser Kontakt zu anderen Menschen wird auch über die Sprache hergestellt. Sprachliche Kommunikation ist daher eine wichtige Form menschlicher Interaktion. Dieses Buch bietet einige neue Aspekte dieser Kommunikation. Wer diese Möglichkeiten umsetzt, wird damit seine Kontaktfähigkeit und seine Sympathiewerte erheblich verbessern können. Dadurch werden die eigenen Ziele deutlich einfacher umsetzbar. Die Herausforderung ist es, klar und zielgerichtet zu kommunizieren. Es geht um klare und eindeutige Sprache!

2. Ein gutes Selbstmanagement
Häufig steht man sich selbst im Weg, das eigene Verhalten erfolgreicher zu gestalten – trotz vieler guter Vorsätze. Denn wie sagt der Volksmund: Der Geist ist willig, doch das Fleisch ist schwach! Gute Vorsätze allein reichen nicht aus. In dieser Situation versuchen viele, über Trainings oder mit Hilfe von Literatur das Selbstmanagement zu optimieren. Methoden werden schließlich genug propagiert; die Literatur zum Thema Selbstmanagement ist schier unerschöpflich. Häufig enden auch diese Versuche ohne echtes und insbesondere dauerhaftes Ergebnis. Ich denke, ein entscheidender Grund dafür ist, dass die Sprache bzw. die innere Kommunikation dabei überhaupt keine Beachtung finden. Ausschließlich ein Verhaltenstraining durchzuführen reicht einfach nicht aus, um langfristig Veränderungen zu erreichen. Denn was nutzt mein neues, anderes Verhalten, wenn meine innere Kommunikation sich in keiner Weise verändert hat?

Halten wir also fest:
Sprache kann der Schlüssel für Erfolg und Zufriedenheit sein. Diese Sprache muss nach innen wie außen sehr bewusst positiv und zielgerichtet eingesetzt werden. Dabei ist es gar nicht so entscheidend, an welcher Stelle man primär Veränderungen vornimmt, ob an der eigenen Sprache oder an der inneren Kommunikation. Wir haben ja gesehen, dass beide sehr stark interagieren:

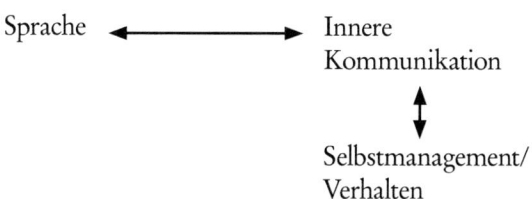

Durch diese Wechselwirkung wird die innere Kommunikation zielgerichteter und erfolgreicher. So können dauerhafte Veränderungen erreicht werden. Voraussetzung ist, die innere Kommunikation immer »im Blick« zu haben.

Bei körperlicher Fitness gibt es den Grundsatz: Fitness ist eine lebenslange Aufgabe. Denn »Saisonarbeiter« erreichen keine dauerhaften Ergebnisse! Abgewandelt gilt auch hier genau der gleiche Grundsatz: Sprache muss ein Leben lang kontrolliert genutzt werden! Wie schnell die ersten Veränderungen festzustellen sind, hängt davon ab, wie konsequent man an der Umsetzung arbeitet.

Auf den Punkt gebracht:
1. Optimierte innere Kommunikation verbessert die Sprache nach außen.
2. Zielgerichtete Sprache verändert die innere Kommunikation.
3. Effiziente innere Kommunikation verändert das Verhalten bzw. das gesamte Selbstmanagement.

Dazu einige Sätze aus dem Talmud:

»Achte auf deine Gedanken,
denn deine Gedanken werden zu Worten.

Achte auf deine Worte,
denn deine Worte werden zu Handlungen.

Achte auf deine Handlungen,
denn deine Handlungen werden zur Gewohnheit.

Achte auf deine Gewohnheiten,
denn deine Gewohnheiten werden zum Schicksal.«

Sprachbeispiele

Es ist schwierig, den eigenen Sprachgebrauch zu verändern. Die Neuronen im Gehirn sind schließlich schon viele Jahre anders »verdrahtet« oder geschaltet worden. Es haben sich starke neuronale Verbindungen im und um das Sprachzentrum herum aufgebaut. Jetzt sind neue neuronale Schaltungen einzurichten, will man Veränderungen bewirken. Das geht ausschließlich über die stetige Anwendung alternativer Sprachmöglichkeiten. Nur so wird es möglich sein, sprachliche Veränderungen zu erreichen und auch beizubehalten. Diese Veränderungen werden nur langsam wirksam. Die ersten Erfolge zeigen sich, sobald Sie selbst bemerken, wenn Sie eine eher ungünstige Formulierung gewählt haben. Bleiben Sie locker – das funktioniert nicht von jetzt auf gleich. Auch nach 15 Jahren Training ertappe ich mich immer wieder bei einer verunglückten Wortwahl.

Starten Sie Ihr persönliches Training. Hier haben Sie die Möglichkeit, selbst sprachliche Alternativen abzuleiten. Falls Ihnen selbst keine gute Alternative einfällt, finden Sie eine Möglichkeit in der zweiten Tabelle. Fangen Sie nun also gleich damit an.

1. Damit wir keinen Schiffbruch erleiden.	
2. Ich möchte keine Panik machen.	
3. Nicht schlecht gemacht.	
4. Keine schlechte Idee.	
5. Ich würde meinen.	
6. Können Sie das nicht einmal vernünftig erklären?	
7. Das ist eigentlich ganz richtig.	
8. Wir sind da relativ offen.	
9. Du darfst mich nicht enttäuschen.	
10. Man darf das nicht unterschätzen.	
11. Wie Ihnen bekannt sein müsste …	
12. Darüber bin ich gar nicht traurig.	
13. Sie dürfen eines nicht vergessen.	
14. Bitte unterbrechen Sie mich jetzt nicht.	
15. Man sollte das Produkt morgens und abends anwenden.	
16. Ich werde Ihnen nichts verschweigen.	
17. Ich würde mich freuen.	
18. Das ist doch völlig wirklichkeitsfremd.	

19. Ich hasse es, gestört zu werden.	
20. So geht das nicht.	
21. Achten Sie darauf, dass es keine Lücken gibt.	
22. Wir haben in dieser Situation Chancen und Risiken.	
23. Der Kunde wird das problemlos akzeptieren.	
24. Das hat problemlos funktioniert.	
25. Nun kommen Sie endlich einmal zur - Sache.	
26. Sie sind damit kein Versuchskanin--chen.	
27. Bitte bemühen Sie sich zum Ausgang!	
28. Das würde ich schon erwarten.	
29. Das darf nicht fehlen.	
30. Da bleibt nichts verborgen.	
31. Das ist keine Abzocke.	
32. Wir haben den Erfolg noch nicht aus - den Augen verloren.	
33. Wir kommen zu unserem eigentlich-wichtigsten Thema.	
34. Und weil der Markt gar nicht so klein - ist …	
35. Wir sollten hier nicht nachlassen.	
36. Da hat er nicht unrecht.	
37. Nichts zu danken.	
38. Ich will Ihnen ja nichts Böses.	
39. Da sind wir nicht weit voneinander ent--fernt.	
40. Zögern Sie nicht …	
41. Damit wir uns nicht missverstehen …	
42. Unterschätzen Sie das nicht.	
43. Da hätte ich nichts dagegen.	
44. Wir haben doch nichts gegeneinander – oder?	
45. Man darf sich keine Blöße geben.	
46. Das ist nichts, wovor man sich fürchten - muss.	
47. Ich bin nicht dumm.	
48. Das tut der Sache keinen Abbruch.	

49. Das sieht schlimmer aus als es ist.	
50. Das hast du nicht schlecht gemacht.	
51. Das ist nicht gefährlich.	
52. Das tut nicht weh.	
53. Wir wollen Sie nicht weiter auf die - Folter spannen.	
54. Ich habe keine Skrupel, das zu tun.	
55. Deine Entwicklung ist nicht verkehrt.	
56. Du solltest abwarten.	
57. Was Sie machen, ist nicht falsch.	
58. Das ist doch kein Tabuthema.	
59. Bitte erschrecken Sie jetzt nicht.	
60. Davor brauchen Sie keine Angst zu - haben.	
61. Aber, aber, bloß keine Panik.	
62. Sie sollten versuchen, pünktlich zu sein.	
63. Es hat sich bei Ihnen nichts Drama--tisches verändert.	
64. Jetzt bloß nicht aufgeben.	
65. Wenn alle Stricke reißen, kann man das - machen.	
66. Toll, es regnet nicht.	
67. Das sieht schlimmer aus als es ist.	
68. Nicht nervös werden.	
69. Du solltest regelmäßig deine Hausauf--gaben machen.	
70. Kommen Sie doch vielleicht einmal im nächsten Monat vorbei.	
71. Das geht nicht.	
72. Alles kein Problem.	
73. Evtl. könnte man das so machen.	
74. Vielleicht versuchen Sie es einmal.	
75. Wir müssen alle Risiken vermeiden.	
76. Sie sollten sich das nicht zu Herzen - nehmen.	
77. Das ist ein nicht unbeträchtlicher Teil.	
78. Wir lassen Sie nicht allein.	
79. Wir haben keine Geheimnisse.	
80. Dein Notenschnitt ist nicht schlecht.	
81. Ich würde erst einmal abwarten.	
82. Das ist nicht ganz abwegig.	

83. Kommen Sie doch vielleicht einmal im - nächsten Monat vorbei.	
84. Nichts ist unmöglich.	
85. Sicherlich ist das nicht unriskant.	
86. Evtl. wäre es sinnvoll, eine Kur zu - beantragen.	
87. Das ist nicht das Optimale.	
88. Das darf ja wohl nicht wahr sein, was - Sie da sagen.	
89. Sei doch nicht dumm.	
90. Das war noch nicht alles.	
91. Ein wirklich unglaubliches Ergebnis.	
92. Das überlassen wir nicht dem Zufall.	
93. Davon wird man nicht dümmer.	
94. Da kann nichts mehr schiefgehen.	
95. Hier verschwindet nichts.	
96. Da ist noch nichts verloren.	
97. Ich will nicht unken.	
98. Das war noch nicht alles.	
99. Es ist immer weniger dunkel.	
100. Wir haben an nichts für Sie gespart.	

Mögliche Alternativen

Hier ein paar mögliche Alternativen, die natürlich vom Kontext und Sprachgebrauch abhängen.

1. Damit wir Erfolg haben.	7. Das stimmt!
2. Ich möchte, dass wir das ganz ent- spannt sehen.	8. Wir sind völlig offen für diese Dinge.
3. Wirklich gut gemacht.	9. Bitte mach das so, wie wir es bespro- chen haben.
4. Eine gute Idee.	10. Man muss damit sehr vorsichtig sein.
5. Meine Meinung dazu ist …	11. Für mich stellt sich der Sachverhalt so dar …
6. Ich habe das nicht richtig verstanden. Können Sie mir das bitte noch einmal erklären?	12. Ich bin darüber sehr froh.

13. Bitte beachten Sie dabei …	33. Kommen wir nun zu unserem wichtigsten Thema.
14. Geben Sie mir bitte noch einen kleinen Augenblick, dann wird die Sache wahrscheinlich klarer.	34. Und weil der Markt so groß ist.
15. Das Produkt wirkt am besten, wenn es morgens und abends angewandt wird.	35. Es ist wichtig, dass wir weitermachen.
16. Ich sage Ihnen alles.	36. Da hat er Recht.
17. Ich freue mich, wenn …	37. Ich habe das sehr gerne gemacht.
18. Darüber muss ich zuerst einmal nachdenken.	38. Ich will Ihnen nur Gutes.
19. Bitte stören Sie mich nicht.	39. Da sind wir fast einer Meinung.
20. Ich habe eine Idee, wie das funktionieren könnte.	40. Tun Sie es jetzt.
21. Achten Sie darauf, dass es zusammen bleibt.	41. Damit wir uns richtig verstehen.
22. Wir haben hier alle Chancen, wenn wir folgende Dinge beachten.	42. Das ist schwierig./ Das ist eine Herausforderung.
23. Der Kunde wird das sehr schnell akzeptieren.	43. Für mich ist das so in Ordnung.
24. Das hat sehr einfach funktioniert.	44. Wir verstehen uns doch gut. Sehen Sie das auch so?
25. Können Sie uns bitte Ihre wichtigsten Argumente nennen?	45. Es ist sinnvoll, in dieser Situation stark zu sein.
26. Das ist eine erprobte Sache.	46. Damit kommen Sie gut zurecht.
27. Bitte gehen Sie zum Ausgang.	47. Ich kriege das hin./ Ich habe das im Griff.
28. Ich erwarte das genauso.	48. Da bleibt alles in Ordnung.
29. Das muss dabei sein.	49. Das ist ganz in Ordnung so.
30. Da wird alles aufgedeckt.	50. Das hast du gut gemacht.
31. Das ist seriös!	51. Das ist harmlos.
32. Wir haben den Erfolg immer im Fokus.	52. Das ist harmlos.

53. Wir kommen jetzt zum wichtigsten Punkt.	77. Das ist ein großer Teil.
54. Ich finde es in Ordnung, das zu tun.	78. Wir sind bei Ihnen.
55. Deine Entwicklung ist gut.	79. Wir reden offen über alles.
56. Warte ab.	80. Dein Notenschnitt ist gut.
57. Das ist völlig richtig, was Sie machen.	81. Warten Sie erst einmal ab.
58. Darüber kann man reden.	82. Das ist durchaus möglich.
59. Bitte bleiben Sie ganz locker.	83. Kommen Sie im nächsten Monat vorbei.
60. Da können Sie ganz locker bleiben.	84. Alles ist möglich.
61. Bleiben Sie locker.	85. Das ist gefährlich.
62. Bitte kommen Sie jetzt immer pünktlich.	86. Eine Kur ist sinnvoll.
63. Es ist alles gut geblieben.	87. Das ist schlecht.
64. Jetzt heißt es dranbleiben!	88. Ich sehe die Sache etwas anders.
65. Später kann man das natürlich machen.	89. Sei klug.
66. Toll, es ist trocken.	90. Jetzt kommt noch mehr.
67. Das ist ganz in Ordnung.	91. Ein wirklich gutes Ergebnis.
68. Ruhig bleiben.	92. Das planen wir genau.
69. Wenn du regelmäßig deine Hausaufgaben machst, hast du die Chance …	93. Dadurch erhalten wir viele Informationen.
70. Bitte kommen Sie im nächsten Monat wieder vorbei.	94. So wird alles gelingen.
71. Ich schlage stattdessen vor …	95. Wir behalten alles im Auge.
72. Das kann man gut machen.	96. Noch ist alles möglich, wir werden das schaffen!
73. Das kann man so machen.	97. Ich mache Sie darauf aufmerksam, dass …
74. Tun Sie es.	98. Da kam noch deutlich mehr.
75. Wir werden sehr aufmerksam sein.	99. Es wird immer heller.
76. Bleiben Sie optimistisch.	100. Wir haben für Sie alles Erforderliche geregelt.

Zu guter Letzt

Ein paar Weisheiten berühmter Dichter und Denker zum Schluss. Ich möchte die Zitate jeweils kurz kommentieren.

»Wenn mir eine Sache missfällt, so lasse ich sie liegen oder mache sie besser.«
(Johann Wolfgang von Goethe)

Hören Sie auf, über schlechte Verhältnisse zu lamentieren. Packen Sie die Aufgaben, die vor Ihnen liegen, an. Jede mit Klagen verbrachte Sekunde ist Zeitverschwendung und schwächt. Jedes Mal, wenn Sie schildern oder sich selbst sagen, wie schlecht es Ihnen geht, schaffen Sie sich unterbewusst immer wieder neu Leidenssituationen (Emotionen). Leider signalisieren Sie Ihrem Unterbewusstsein damit auch noch, dass Sie diese Situation wünschen. Das kann es doch nun wirklich nicht sein, was sie wollen!

»Wenn du etwas tust und es funktioniert nicht in deinem Sinn, dann tu doch etwas anderes.«
(Richard Bandler, Psychologe)
Oder der Naturforscher Charles Darwin: *»Nur ein Narr macht keine Experimente.«*

Falls Ihre Handlungen nicht gleich zum Erfolg führen, ändern Sie Ihre Vorgehensweise und suchen einen anderen Weg zum Ziel. Sie wissen ja nun, was nicht funktioniert. Probieren Sie doch einfach aus, ob etwas anderes besser klappt.

»Auch aus Steinen, die man dir in den Weg legt, kann man etwas Schönes bauen!«
(Erich Kästner, Schriftsteller)

Leben Sie gelassen und froh im Hier und Jetzt. Sehen Sie dabei die Möglichkeiten, die Ihnen geboten werden, und nicht die Schwierigkeiten, die man Ihnen macht.
Und überhaupt, bei den vielen Menschen, die schon bei der kleinsten Kleinigkeit aufgeben, ist man doch selbst der Leuchtturm, wenn man am Ball bleibt und sich weiter engagiert!

»Mit sich selbst in Frieden leben, ist wohl das höchste Glück auf Erden.«
(Matthias Claudius, Dichter)

Glück gibt es nur im Hier und Jetzt. Zukünftige Glücksmomente kann ich heute noch nicht genießen. Falls diese eintreffen, werden sie wieder im »Hier und Jetzt« entstehen. Menschen mit einer starken Ausstrahlung (Charisma) leben in der Gegenwart. Das heutige Glück zu erkennen und zu erleben ist die Herausforderung.

Andauernde Glückszustände gibt es gar nicht. Denn nach seiner Natur kann Glück nur episodisch möglich sein.

»Wer nicht selbst befiehlt, bleibt immer Knecht.« (Johann Wolfgang von Goethe)
Oder Horst Seehofer: *»Wer nicht handelt, wird behandelt.«*

Hören Sie endlich damit auf, sich für Dinge zu entschuldigen. Mit jeder Entschuldigung akzeptieren Sie Ihr eigenes Versagen. Jede Entschuldigung akzeptiert ungünstige Umstände, ohne dass dagegen etwas unternommen wird. Sie haben es fast immer in der Hand, mit einer Portion Flexibilität Dinge zu ändern. Mit jedem »guten« Grund, warum bei Ihnen etwas nicht funktionieren wird oder nicht funktioniert hat, verlagern Sie die Verantwortung nach außen. Die Umwelt kann man kaum oder gar nicht verändern, sich selbst dagegen schon. Also tun Sie das und fangen zuerst einmal bei sich selbst an. Fast immer sind Sie das »Problem« und nicht die anderen! Jede Entschuldigung zeigt letztlich nur, wie unfähig Sie sind.

»Nicht: Es muss etwas geschehen, sondern: Ich muss etwas tun!«
(Hans Scholl, Nazigegner)

Wenn etwas geschehen muss, erwartet man häufig Hilfe von außen. Nehmen Sie lieber selbst die Dinge in die Hand, die in Ihrem Einflussbereich liegen. Manchmal ist dieser sogar größer, als Sie glauben. Diskutieren Sie die Möglichkeiten, die Sie haben, und stoppen Sie das in Deutschland so geliebte kollektive Jammern. Hören Sie auf damit, sich selbst zu schwächen und Ihrer kreativen Potenziale zu berauben.

»Wer immer nur vom Glück träumt, darf sich nicht wundern, wenn er es verschläft.«
(Ernst Deutsch, Schauspieler)

Träumen Sie nicht nur vom Glück, sondern glauben Sie an Ihre Kraft, Ihre Stärke und Ihre Chancen. Die sich daraus ergebenden Rückkopplungen wirken wie ein Turbolader, der Sie nach vorn bringt. Denken Sie dabei an die Dinge, die Sie im Leben geschafft haben, und die Dinge, die Sie noch erreichen werden. Das sind die wahren Kraftquellen des Lebens!

»Wer absolute Klarheit will, bevor er einen Entschluss fasst, wird sich nie entscheiden.«
(Henri Frédéric Amiel, Schriftsteller)
Oder der Schriftsteller Karl Heinrich Waggerl: *»Lieber keinen Erfolg als keinen Entschluss.«*

Es gibt keine falschen Entscheidungen. In dem Moment, in dem man sich für etwas entscheidet, liegen die meisten Argumente für diese Entscheidung vor. Sie war in diesem Moment daher absolut richtig. Außerdem sind nur sehr selten die Konsequenzen einer Handlung komplett zu überblicken. Stellt sich später eine Entscheidung als ungünstig heraus, fehlten bestimmte Informationen. Jedoch in manchen Situationen kann man mit einer Entscheidung nicht warten, bis wirklich alle Informationen verfügbar sind. Unter Umständen sind überhaupt erst weitere Informationen verfügbar, wenn man gehandelt hat.

Das Schlimmste, was man machen kann, ist sich gar nicht zu entscheiden und die Dinge vor sich herzuschieben. Die Belastung, die dadurch entsteht, blockiert enorm. Lassen Sie also Herausforderungen nicht zu lange liegen.

»Denke lieber an das, was du hast, als an das, was dir fehlt.«
(Marc Aurel, römischer Kaiser)

Gestehen Sie sich Ihre Zufriedenheit ein, wenn Sie solche Momente erleben! Häufig machen wir uns die dabei entstehenden Emotionen gar nicht bewusst. Es sind die vielen kleinen Dinge im Leben, die ein Puzzle bilden und – bewusst wahrgenommen – im Zusammenhang gesehen ein wunderschönes Bild abgeben können. Machen Sie sich immer wieder Ihre Aktiva deutlich.

»The best things in life are the simple things.«　　(Joe Cocker, Sänger)

Erkennen und genießen Sie die schönen Momente im Leben. Auch die »kleinen«, unscheinbaren Situationen sollten Sie aufnehmen und sich des Glückes bewusst werden, den diese bieten können. Ein gutes Gespräch, ein Spaziergang im Frühling oder eine Heimfahrt im Sonnenschein können so zu wahren Kraftquellen werden. Nehmen Sie die Freundlichkeit oder das Lächeln auf, dass jemand Ihnen schenkt. Es ist mehr wert und kann Ihnen mehr nutzen als Geld.

»Fass kein Papier zweimal an.«　　(Beate Uhse, Unternehmerin)

Bringen Sie die Dinge, die Sie begonnen haben, auch zu Ende. Alles Unerledigte oder Unfertige ist eine große Belastung. Im Übrigen erfordert es deutlich mehr Energie, es noch einmal aufzunehmen, als es gleich abzuschließen.

»Halte Dir jeden Tag 30 Minuten für deine Sorgen frei und mache in dieser Zeit ein Nickerchen.«　　(Abraham Lincoln, amerikanischer Präsident)

Hören Sie auf, sich Sorgen zu machen über Dinge, die noch gar nicht eingetroffen sind und evtl. auch gar nicht so geschehen werden. Sich die Sorgen selbst zu machen ist völlig unnötig und schwächt lediglich.

»Der Aufschub ist der Dieb der Zeit.«   (Edward Young, Dichter)

Warten Sie nicht auf bessere Bedingungen. Sie selbst haben es in der Hand, die Bedingungen für sich zu verbessern. Ich habe in diesem Buch viele nützliche Möglichkeiten des Selbstmanagements aufgezeigt. Nutzen Sie diese!

»Glück ist die Folge einer Tätigkeit.«   (Aristoteles, Philosoph)

Glauben Sie nicht, dass Glück purer Zufall ist. Menschen, die auffällig häufig Glück im Leben haben, verdanken es ihren Aktionen. Sie erkennen ihre Möglichkeiten und machen das Beste daraus. Glück ist also nicht irgendetwas, das zufällig entsteht oder irgendwie auf uns zukommt. Nein, es ist etwas, das aktiv gestaltet werden kann. Fangen Sie darum heute bei sich selbst an!

Zum Schluss etwas für die Pessimisten:

»Verbringe nicht die Zeit mit der Suche nach einem Hindernis, vielleicht ist gar keins da.«   (Franz Kafka, Schriftsteller)

Buchtipps

Bauer, Joachim: *Warum ich fühle, was du fühlst*
Hoffmann und Campe, Hamburg 2005

Csikszentmihalyi, M.: *Flow, das Geheimnis des Glücks*
Klett-Cotta Verlag, Stuttgart 1992

Goleman, Daniel: *Emotionale Intelligenz*
Carl Hanser Verlag, München 1996

Klein, Stefan: *Die Glücksformel*
Rowohlt Verlag, Reinbek bei Hamburg 2002

Ledoux, Joseph: *Das Netz der Gefühle*
Dtv Verlag, München 2003

Millman, Dan: *Der Pfad des friedvollen Kriegers*
Ansata Verlag, München 2000

Ridley, Matt: *Die Biologie der Tugend*
Ullstein Verlag, Berlin 1997

Robbins, Anthony: *Das PowerPrinzip*
Heyne Verlag, München 1991

Roth, Gerhard: *Fühlen, Denken, Handeln – Wie das Gehirn unser Verhalten steuert*
Suhrkamp Verlag 2003

Schulz von Thun, Friedemann: *Miteinander reden, Band 3 –
Das innere Team und situationsgerechte Kommunikation*
rororo Sachbuch 60545, Rowohlt Verlag 2010

Watzlawick, Paul: *Wie wirklich ist die Wirklichkeit?*
Piper Verlag, München 1976